Hugo Wolf

**mit Selbstzeugnissen
und Bilddokumenten
dargestellt von
Andreas Dorschel**

Rowohlt

Dieser Band wurde eigens für «rowohlts monographien» geschrieben
Den Anhang besorgte der Autor
Herausgeber: Beate Kusenberg und Klaus Schröter
Assistenz: Erika Ahlers
Umschlagentwurf: Werner Rebhuhn
Vorderseite: Hugo Wolf im Alter von 28 Jahren.
Aus: Ernest Newman, Hugo Wolf. Leipzig 1910
Rückseite: Silhouette von Rolf Winkler zu Hugo Wolfs Vertonung
von Mörikes «Abschied» Aus: Ernst Decsey, Hugo Wolf.
II. Bd. Leipzig – Berlin 1904

Veröffentlicht im Rowohlt Taschenbuch Verlag GmbH,
Reinbek bei Hamburg, September 1985
Copyright © 1985 by Rowohlt Taschenbuch Verlag GmbH,
Reinbek bei Hamburg
Alle Rechte an dieser Ausgabe vorbehalten
Satz Times (Linotron 202)
Gesamtherstellung Clausen & Bosse, Leck
Printed in Germany
980-ISBN 3 499 50344 1

Inhalt

Krankheit und musikalische «Inspiration»

Hugo Wolf gehört zu jenen Genies, deren Leben man «tragisch» zu nennen beliebt. «Wie düster umschattet, nur von plötzlichen grellen Blitzen durchzuckt», sei es verlaufen, um endlich «in der Nacht des Wahnsinns»[1]* zu enden; so habe sich an Wolfs «Erdenlauf»[2] der Satz bewahrheitet, «die Schuld, ein Genie zu sein, müsse gesühnt werden»[3].

Verzichtet man auf derlei gutgemeinte Mystifikationen, die sich auch in der neueren Wolf-Literatur durchweg gehalten haben, so stößt man auf die Tatsache, daß Wolfs Produktivität in den entscheidenden Jahren 1887 bis 1897 von Krankheitsfrühnoxen, und zwar beginnenden paralytischen Hirnprozessen, bestimmt wurde. Bei der Krankheit, die zu Wahnsinn und frühem Tod führte, handelte es sich um die manisch-depressive Form der Paralyse. Daraus muß geschlossen werden, daß Wolf eine – möglicherweise nur unbedeutende – manisch-depressive Veranlagung zu eigen gewesen ist. Sie wäre wohl nie manifest geworden, hätte Wolf nicht im Alter von siebzehn Jahren[4] eine syphilitische Infektion getroffen. Zehn Jahre nach der Intoxikation (und zehn Jahre vor Ausbruch der Gehirnparalyse) trat die Krankheit in die Prodromalphase und löste eine manische Entfesselung der geistigen Produktivkräfte Wolfs aus. In den Eichendorff-Vertonungen des Jahres 1887, vollends aber in den *Mörike-Liedern* von 1888 erreichte Wolf wie mit einem Sprung die volle Höhe seiner künstlerischen Originalität. Den Eintritt der Krankheit in die Prodromalphase erlebte er subjektiv als Einbruch unerklärlicher Kräfte, die das Gesicht seiner Musik völlig veränderten. Wolf hat stets nachdrücklich betont, *daß meine eigentliche Schaffenszeit von 1888 datiert, in welchem Jahre der Mörike-Eichendorff-Band und ein Teil der Goetheschen Lieder entstanden, unmittelbar daran anschließend die Spanischen* (1889/90), *Kellerschen* (1890), *und schließlich die Italienischen*[5] (1890/91). Seine entscheidenden Werke, die Vertonungen von 53 Mörike-, 13 Eichendorff- und 51 Goethe-Gedichten, 6 *Alten Weisen* von Keller, 44 Nachdichtungen aus dem Spanischen von Paul Heyse und Emanuel Geibel und 22 Übertragungen italienischer Volkslieder von Heyse entstanden also in einem Zeitraum von weniger als vier Jahren. Im Dezember 1891 versiegte der Strom der Inspiration für

---

* Die hochgestellten Ziffern verweisen auf die Anmerkungen S. 126 f.

mehr als drei Jahre völlig. *So quält mich der Zustand meiner jetzigen Sterilität weit mehr, als mich je die Stunden überströmender Schaffenskraft beseligt hatten. Meine Gemütsstimmung bei der jetzigen Verfassung schwankt stets zwischen äußerstem Unbehagen und drückendster Melancholie.*[6] Erst der Eintritt der Krankheit in das präparalytische Stadium im Winter 1894/ 95 setzte erneut produktive Potenzen frei; in nur vierzehn Wochen stellte Wolf seine Oper *Der Corregidor* im Klavierauszug fertig.

«Der Paralyse ist es eigen, daß sie ... durch Hyperämie der ergriffenen Gehirnteile Wellen rauschhaften Glücks- und Kraftgefühls, einer subjektiven Erhöhung der Lebenskräfte und einer tatsächlichen, wenn auch – ärztlich gesprochen – pathologischen, Steigerung der produktiven Leistungsfähigkeit mit sich bringt.»[7] *Ich fühle übermenschliche Kräfte in mir ... Ich glaube, es mit der ganzen Welt aufnehmen zu dürfen, so siegreich ist mir zu Mute. Das Leben hat wieder Wert für mich gewonnen und alles, was an Zündstoff in mir sich wieder angesammelt hat, wird in meinem nächsten Werke zu einer furchtbaren Explosion führen. Ha, wie ich mich darauf freue.*[8] In seinen Äußerungen über den künstlerischen Produktionsprozeß hat Wolf stets (z. T. polemisch) den *Instinkt* gegen das *Berechnen und Experimentieren*[9], auch gegen das handwerkliche Können ausgespielt. Das eigene Schaffen beschrieb er als bar der intellektuellen Kontrolle, allein vom *Gefühl, auf das ich mich felsenfest verlasse*[10], geleitet. *Je glücklicher mich das Schaffen macht, desto peinlicher empfinde ich die darauffolgenden Ruhepausen, während welcher die grübelnde Reflexion geschäftig ist, die konkreten Gebilde der Phantasie von Grund aus zu zerstören und den kalten Menschenverstand wieder in seine ... Rechte zu setzen.*[11] Wolf, der die in der romantischen Genie-Ästhetik geradezu theologisch gefaßte Kategorie des «Einfalls» subjektiv mit aller Gewalt an sich erlebte, hat auch auf deren Phraseologie zurückgegriffen. *Für mein Leiden taugt kein Kraut dieser Erde. Nur ein Gott vermag mir aufzuhelfen. Verschaff' mir wieder Einfälle, rüttle den schlummernden Dämon in mir wach, der mich wieder zum Besessenen macht, und ich will Dich als einen Gott anbeten und Dir Altäre errichten*[12], schrieb er im Juni 1894 an einen Freund. (Das Biographen-Gerede von «Dämonie»[13], «Hohenpriester der Tonkunst»[14], «Schuld, ein Genie zu sein»[15] usw. kann sich also auf Wolf berufen, was ihm übrigens nicht die Dignität ewiger Wahrheit verleiht.) Als *Einfall*[16] bezeichnete Wolf ein originales prägnantes melodisches Gebilde. Wenn er «ein neues Werk vorgelegt bekam, war sein erstes Wort: *Zeigen Sie mir das Motiv,* und hatte er das gesehen, so folgte nicht selten der Abschluß: *Danke, ich weiß schon genug.*»[17] Die Entwicklung eines Themas im Verlauf der Komposition, die formale Erfindung, erschien ihm irrelevant. So urteilte er kategorisch über Smetanas symphonische Dichtungen «Die Moldau» und «Vysehrad»: *Da der Komponist in beiden Werken slavische Weisen anschlägt, kann von dessen Erfindungsgabe füglich nicht die Rede sein.*[18] Sein Komponieren beschrieb Wolf als

Zustand somnambuler Passivität, in den der Einfall, eben *das Motiv*[19], unvermutet hereinbreche. *Ich bin ein Mensch, der in allem nur nach Impulsen handelt und wenn sich in mir die gehörige Menge Elektrizität angesammelt, geschieht etwas.*[20]

Indessen ist die Selbsteinschätzung eines Künstlers, auf sein Werk bezogen, nicht notwendigerweise maßgebend; vielmehr bedarf sie der Interpretation. Empfand Wolf die einzelne motivische Gestalt als das Wesentliche, die formale Entwicklung hingegen als bedeutungslos, so lassen sich seine Lieder doch aus dem Einfall allein, verstanden als angeflogene «schöne Melodie», am allerwenigsten begreifen. Sie sind keine spontanen Ergüsse, sondern, mehr als alles was vor und nach ihnen in dieser Gattung geschrieben wurde, komplexe, oft motivisch-thematisch gearbeitete Gebilde, deren Verlauf durch ein Höchstmaß an formaler Intelligenz gesteuert wird. Ob sie darin überlegt und bewußt gestaltet sind, bleibt im Nachhinein sekundär, wenn auch zweifelhaft: Eher scheint Wolfs Intuition nicht bloß melodische Gebilde, sondern auch deren Verarbeitung in sich begriffen zu haben; so konnte ihm wohl auch eine Form «einfallen». Bei aller Skepsis gegen eine schablonisierende Gleichsetzung von Genialität und partiellem Irresein bleibt festzuhalten, daß diese Phantasietätigkeit unmittelbar an den Krankheitsverlauf gebunden war. Verfehlt wäre es aber, aus dem medizinischen Befund und den Lebenszeugnissen, wie sie sich dokumentarisch darbieten, a priori bestimmte Eigenschaften auf das Werk zu projizieren. Eine Reduktion der Kunst auf Hirnphysiologie, selbst auf empirische Psychologie, würde die alten Mythologeme bloß durch neue ersetzen. Sie teilte mit der Auslegung nach dem Schema «Tragik und Größe», daß das Resultat bereits vor der Untersuchung festständе: in Gestalt ihrer schlichten weltanschaulichen Prämissen. Die Beziehungen zwischen Leben und Werk – die Annahme, es gäbe welche, rechtfertigt freilich erst das biographische Unternehmen – sind indes unendlich verwickelter.

Ein ewiger Dilettant?

Das Städtchen Windischgraz war, als Hugo Wolf dort am 13. März 1860 zur Welt kam, eine deutsche Enklave im slowenischen Siedlungsgebiet des Kaiserreichs Österreich-Ungarn. Nach dem Ende des Ersten Weltkriegs und dem Zerfall der Monarchie wurde die südliche Steiermark Jugoslawien zugeteilt; Windischgraz heißt seitdem Slovenj Gradec. Filipp Wolf, der Vater, betrieb in dritter Generation die Gerberei des Ortes: er stellte Leder her und verkaufte es auf den umliegenden Märkten. Bereits *in frühester Jugend, mit fünf Jahren* wurde Hugo Wolf *vom Vater im Violinspiel unterwiesen ... fast gleichzeitig auch im Klavierspiel*[21]. An den Musikerberuf dachte jedoch kein Mensch, am wenigsten der Vater.

Hugo Wolf hat in seinem Leben nur eine Schule absolviert: die vierklassige Pfarrhauptschule in Windischgraz (1865–69). Bis 1875 versuchte er nacheinander an drei Gymnasien Fuß zu fassen. Das Zeugnis der Quarta (weiter hat Wolf es nicht gebracht) weist ihn als schlechtesten Schüler seiner Klasse aus. Ein Brief des Dreizehnjährigen an seine Eltern läßt erkennen, daß sein Verhalten schon damals an maßgebender Stelle als unangemessen, ja arrogant empfunden wurde. *Sie werden heute ... gewiß einen Brief vom Präfekten erhalten haben. In diesem schildert er (nämlich der Präfekt) von meinem Benehmen sowie von meinem Gang in der Schule. Einiges ist wohl wahr, aber vieles schändlich erlogen ... Von meinem Benehmen schreibt er, daß ich stolz, trotzig, eigensinnig usw. sei. Ich kann dies gar nicht begreifen, wann er sich dies ausgetüpfelt hat.*[22] Den Abbruch seiner Schullaufbahn provozierte Wolf durch seine Aufsässigkeit: er verzehrte sein Frühstücksbrot während des Religionsunterrichts, *da ich Appetit hatte,* und weigerte sich, sonntags zweimal den Schulgottesdienst zu besuchen. *Der Direktor, der ohnehin ein Fanatiker, was Religion anbelangt, ist, wird eine Konferenz zusammenberufen, und das Ergebnis wird höchstwahrscheinlich auf 3 oder 4 Stunden Arrest (Karzer) sein. Um diesem Schimpf vorzubeugen, und damit sich der Direktor nicht an mir rächen kann ... werde ich austreten.* Als der Vater auf diesen Entschluß und den Plan des Fünfzehnjährigen, *Musiker* zu werden, zornig und ablehnend reagiert, schiebt ihm der *in seinen schönsten Hoffnungen getäuschte Sohn,* der *die Musik so innig geliebt* hat und ihr nun auf ewig entsagen soll, alle Schuld an der Tragik seines künftigen Schicksals zu.

Seine Ergebenheitsadresse verrät eine bemerkenswerte Fähigkeit, die Schwächen des Vaters ins Kalkül zu ziehen. *Mir ist die Musik wie Essen und Trinken. Da Sie aber durchaus nicht wollen, daß ich ein Musikus – nicht, wie Sie der Meinung sind, Musikant – werde, so will ich gehorchen und mich einem anderen Fache widmen. Gott gebe nur, daß Ihnen dann die Augen nicht aufgehen werden, wenn es schon zu spät zum Umkehren zur Musik sein wird. Ich will Sie nicht mehr mit Bitten bestürmen, mich der Musik widmen zu lassen, wenn Sie selbst nicht den deutlichen Beweisen meines Talentes zur Musik und der besseren Einsicht folgen wollen. Denn in Ihrem letzten Brief sah ich, daß der Musiker in Ihren Augen ein fast verächtliches Individuum ist. Sie bedauern mich, daß ich Musiker werden will – ich bedaure aber Sie, daß Sie nicht zugeben, daß ich mich dieser Kunst widmen darf. Verzeihen Sie mein hartes Schreiben, aber ich bin über Ihr letztes Schreiben fast verzweifelt.*[23]

Wenige Monate später durfte Wolf nach Wien reisen, um in das dortige Konservatorium einzutreten. Damit hatte er zwar erreicht, was er wollte – doch gelang es ihm hier so wenig wie irgendwo sonst, sich in den geregelten Lehrbetrieb einzufügen; insgesamt *hielt* er es *nicht länger als ein Jahr aus*[24]. Als Wolf eines Tages äußerte, daß man am Konservatorium mehr verlerne als neu hinzulerne, wurde nach den damals üblichen autoritären Gepflogenheiten sogleich ein Disziplinarverfahren eingeleitet, das zur Entlassung führte. Das technische Rüstzeug des Komponierens hat Wolf sich in den folgenden Jahren autodidaktisch erarbeiten müssen – und es ist die gemeinsame Überzeugung von Musikern wie Hans von Bülow, Richard Strauss, Hanns Eisler und Igor Strawinsky gewesen, daß er es im Grunde nie, auch in seinen reifen Jahren nicht, wirklich beherrscht hat.

Windischgraz

1892, als Wolfs große Zyklen mit Ausnahme des *Italienischen Lieder-buchs* vorlagen, konstatierte Bülow: «Bei aller Anerkennung seiner reichen, zuweilen blühenden Phantasie befindet sich derselbe noch im Stadium eines recht vorhöfischen Dilettantismusses.» [25] Strauss nannte Wolf einen «puren Dilettanten» [26] (aus seinem Mund das tödlichste aller tödlichen Verdikte), Eisler, etwas höflicher, einen «genialen Dilettanten» [27]. Strawinsky formulierte es als halbes Kompliment: «Er hatte ein fabelhaftes Gehör und eine fabelhafte Erfindungsgabe, aber sehr wenig Technik.» [28] Verbietet sich auch das Gerede vom «Dilettantismus» von selbst, wo das Gelingen so groß ist, wie in Wolfs *Mörike-Liedern,* so ist ein Wahrheitsmoment daran nicht zu leugnen, sofern der Begriff ohne die Konnotation schierer Stümperei gedacht wird. Hugo Wolf hatte es nicht nur

Die Mutter: Katharina, geb. Nußbaumer

Der Vater: Filipp Wolf

schwer, den Standard des sogenannten «guten Musikers» zu erreichen, er
blieb auch zeit seines Lebens unfähig, einfallsschwächere Perioden durch
handwerkliche Routine zu überbrücken. Zugleich sehnte er sich danach,
den manischen Produktionszwang in kontinuierliche und kontrollierte
Arbeit zu überführen. Während des Schaffensrauschs von 1895 schrieb er
an einen Freund: *Wozu diese schändliche Plackerei, diese Seelenangst, es
möchte nicht gelingen, diese schlaflosen Nächte, wirren Träume und diese
verfluchte Hetze, in die ich mich selber hineinhusse? «Wahn! Wahn! Überall Wahn!» Ja, da steckts. Dieser alte tolle Wahn hat mich doch auch einmal
drangekriegt. Ob ich ihn werde «bemeistern» können? Denn das ist der
einzige Ausweg, diesen alten Satan loszuwerden.*[29] *Ehe dieses Ungetüm
nicht überwunden und zum dienstbaren Geist umgewandelt wird, kann
nichts auf Erden mir die ganze Befriedigung wiedergeben, wie sie selbst den
geringsten der Sterblichen zu beglücken vermag: seinen Beruf zu erfüllen.*[30]

Nach Wolfs Entlassung aus dem Konservatorium erscheinen im Briefwechsel mit dem Vater immer häufiger bittere Töne; geringe Geldbe-
träge werden zum Gegenstand von Auseinandersetzungen, die für beide
Seiten quälend verlaufen. Eine Mahlzeit am Tag ist für Wolf die Regel.

13

In Windischgraz (links Hugo Wolfs Geburtshaus X)

Ich lebe seit einiger Zeit wieder von Butterbroten, aber das ist nicht so arg als das Bewußtsein, kein Geld in der Tasche zu haben, schreibt der Neunzehnjährige. *Nie habe ich die Wahrheit des Sprichwortes «In der Not lernt man seine Freunde kennen» so sehr erfahren, als eben jetzt – freilich von der bitteren Seite her, denn ich sah eben, daß man dann seine Freunde gehörig suchen muß.*[31] Der Vater reagiert auf die Bitten um Unterstützung mit der Aufforderung, entweder nach Windischgraz zurückzukehren oder «anstatt Rumsteak was billigeres» zu «essen»[32], er sei «ein Verschwender», prophezeit, «daß aus dir nie was werden wird»[33], «du bist ungenügsam, verwöhnt, verhätschelt»[34], und wirft ihm «brutales und abstoßendes Benehmen»[35] vor. Der Sohn antwortet mit einer Beschwörung *meiner schönen, nie wiederkehrenden Kinderzeit,* er sei ganz *berauscht von den süßen Erinnerungen (Mir war es, als fühlte ich mich an Ihre Brust gedrückt, als küßten Sie mich zärtlich . . .*[36]). Mag derlei schon auf die Vergangenheit bezogen mehr Wunsch als Wirklichkeit gewesen sein: an der Realität der Jahre seit 1877 gehen diese Worte so gründlich vorbei, wie es nur geht. Ihre Poesie soll in der Kunst-Welt von Traum und Musik eine Harmonie erzeugen, von der in der Wirklichkeit, in den schmerzlich direkten Worten des Vaters keine Rede sein kann: *Liebster Vater! Nicht wahr! wir wollen uns diesmal nur durch die Musik verständigen – die Töne kommen und gehen so unmittelbar zu Herzen, daß ihr Sinn nie mißzuver-*

stehen ist; jede Dissonanz muß sich auflösen in Liebe, Leid und Lust, und alles, was die Brust des Menschen durchzieht, löst sich in milder Versöhnung auf. So verdrängt Hugo Wolf die Differenzen und läßt nur ein subjektives Mißverstehen gelten, das verschwände, wenn der Vater nur eine andere Sprache, seine Sprache, *die Musik*[37], verstehen würde. Filipp Wolf, der bemerkt, daß sich sein Sohn in einen Zustand steigert, der in äußerstem Gegensatz zur Alltagswelt steht, reagiert mit ständigen drängenden Hinweisen auf die Realität: «Raffe dich auf, arbeite und entbehre, sonst bist du verloren!!!!»[38], mit Appellen an den gesunden Menschenverstand: «Dränge dich in den Vordergrund ‹nur Lumpen sind bescheiden›. Frisch gewagt ist halb gewonnen. Selbst der Mann! ... Faß das Glück bei den Ohren und laß es nicht aus setz alle Hebel in Bewegung mach es auch so wie viele andere vor dir getan, wer nichts wagt wird nie gewinnen.»[39]

Daß die sentimentale Emphase, die vielen Briefen des jungen Wolf eigen ist, auch bewußte Taktik war, verrät ein Schreiben des Zwanzigjährigen. Auf die lästige Bitte der Eltern, sie an Weihnachten zu besuchen,

Das Geburtshaus

antwortet er mit einem Hymnus auf die briefeschreibenden Hände der Mutter, *diese gesegneten Hände, die wie ein Cherub mein junges Leben geschützt, die nimmermüde, dem kleinen Pflegling, was ihm nur dienlich war, zugetragen, die keine Arbeit, keine Wunden gescheut, des Kindes Bedürfnisse zu befriedigen, die, wie oft wohl! sich zum Gebete gefaltet, Gebete, so innig, so fromm, wie sie nur aus dem Herzen einer Mutter kommen, wie sie nur aus dem einzigen Wunsche, dem einzigen Verlangen: in dem Glücke und Wohlergehen ihrer Kinder ihr eigen Glück zu empfinden, so wahr und rein zum Himmel emporsteigen – ja diese Hände, stets geschäftig und regsam, mögen sie noch lange wirken und schaffen*[40] usw. Ergüssen dieser Art folgt später die formelhafte Beteuerung, *aufgeschoben* sei schließlich *nicht aufgehoben*[41], *aber im Sommer komme ich ganz bestimmt*[42]. *Wahrscheinlich – ich getraue mich schon nicht mehr von meinem Nachhausekommen zu reden, weil immer in letzter Minute was dazwischen kommt.*[43] *Glauben Sie ja nicht, daß ich deshalb Ihrer nur irgendwie vergessen, sind doch Erinnerungen an das elterliche Haus stets Lichtblicke im Leben eines Einsamen, der sein Dasein unter steten Kämpfen und Entbehrungen in der Fremde zu vollenden hat.*[44] *Ich bin sehr betrübt, daß ich wieder absagen muß, aber am nächsten Sommer komme ich gewiß.*[45] Die seltenen und meist sehr kurzen Besuche im Elternhaus waren *eine Reihe trüber, gequälter Stunden*[46]. *Die Tage hier fließen öde und gelangweilt dahin. Aus purer Langeweile habe ich mich dem stillen Suff ergeben.*[47]

In das erste Wiener Jahr Hugo Wolfs fiel ein Ereignis, das ihn sein Leben lang nicht mehr losgelassen hat: die Begegnung mit Richard Wagner und seiner Musik. *Am 17. November 1875* sah er *das allererste Mal den großen Meister.*[48] *Mit einer wahrhaft Heiligen Scheu betrachte ich diesen großen Meister der Töne, denn er ist nach dem jetzigen Urteile der erste Opernkompositeur unter allen Künstlern. Ich ging ihm einige Schritte entgegen und grüßte ihn ganz ehrerbietig, worauf er mir freundlich dankte. Schon von diesem Augenblick an hatte ich eine unüberwindliche Neigung zu Richard Wagner gefaßt, ohne noch eine Ahnung von seiner Musik zu haben.* Hugo Wolf begründet diese *unüberwindliche Neigung* nicht näher, doch hat ihm zweifellos zunächst die Aura von Ruhm, Reichtum und Luxus imponiert. Richard Wagner lebt im teuersten Hotel der Stadt, berichtet er den Eltern, dem *Hotel Imperial. Er bewohnt mit seiner Frau 7 Zimmer!*[49] Er ist von einem ganzen Stab von *Kammerherrn* und Dienern umgeben. Im *Empfangssalon* seines Apartments *herrscht eine wahrhaft königliche Pracht. In der Mitte stand ein Ruhebett ganz aus Samt und Seide. Wagner selbst war in einen langen Samtmantel mit Pelzverbrämung eingehüllt.*[50] Unausgesprochen, doch für die Adressaten des Briefs nur allzu offensichtlich, kontrastiert diese Welt zu der provinziellen Armseligkeit, in der Wolf aufgewachsen ist.

    Erst am ... 22. November wurde ich in seine wunderbare Musik einge-

Der Dreizehnjährige

weiht, es war Tannhäuser, unter der Anwesenheit des großen Richard Wagner ... Schon die Ouvertüre war wundervoll und erst die Oper – ich finde keine Worte dazu ... Ich sag' Ihnen nur, daß ich ein Narr bin. Nach jedem Akte wurde Wagner stürmisch hervorgerufen, und ich applaudierte so, daß mir die Hände wund wurden. Ich schrie nur immer Bravo Wagner, Bravissimo Wagner, und zwar so, daß ich fast heiser geworden bin und die Leute mehr auf mich als auf Richard Wagner schauten.[51] *Zu meiner Freude (ironisch) waren einige Wagnerfeinde, denen ich den Hals hätte umdrehen wollen.*[52] *Ich bin durch die Musik dieses großen Meisters ganz außer mir gekommen und bin ein Wagnerianer geworden.*[53] Die qualitative Differenz zwischen Wagners Musik und der irgend eines anderen Komponisten beschreibt der Fünfzehnjährige so: *Es ist dies das erste Stück, das einen*

17

Der Sechzehnjährige

überwältigenden Eindruck auf mich machte.[54] Er ist *ganz weg*[55], wenn er diese Klänge hört. Die Gestalt des *zwischen höchster Genußsucht und tiefster Askese taumelnden Minnesängers*[56] Tannhäuser spricht tiefste, auch erotische, Sehnsüchte in ihm an; in dieser Schicht wurzelt die auf den ersten Blick so überspannt anmutende Wagner-Hörigkeit. In sein Tagebuch notiert Wolf: *Gestern um x Uhr nachts (9./10. Dezember) erschien*

*mir Richard Wagner im Traume. Ich kam dabei mit ihm in innigste Berüh-
rung. Ich sang ihm den bekannten Teil aus Tannhäuser (Venusbergmu-
sik).*[57] In der ebenfalls von Wagner selbst einstudierten «Lohengrin»-Vor-
stellung *glaubt* er *sich in ganz andere Regionen versetzt. Beim Schlusse des
3. Aktes, wo Lohengrin von seiner Elsa Abschied nimmt und das Schwa-
nenlied zum 2. Male singt, wurde ich von der Gewalt der Musik so ergriffen, daß ich – – weinte.*[58] Er setzt alles daran, *den großen Meister*[59] persönlich zu sprechen. Am 12. Dezember gelingt es ihm, in Wagners Hotelzim-
mer vorzudringen; dieser hatte jedoch, leicht begreiflich[60], weder Zeit
noch Lust, sich näher mit Wolf zu befassen: *Als ich mit Wagner allein war,
sprach ich: «Hochverehrter Meister! Schon lange hegte ich den Wunsch,
über meine Kompositionen ein Urteil zu hören, und mir würde –»* hier
unterbrach mich der Meister und sagte[61]*: «Mein liebes Kind, ich kann gar
kein Urteil über Ihre Kompositionen abgeben, ich habe jetzt viel zu wenig
Zeit. Ich kann nicht einmal meine Briefe schreiben. Ich verstehe gar nichts
von der Musik.» Da ich ihn bat, nur zu sagen, ob ich Talent zur Musik hätte
und ob ich es zu etwas bringen könne, sagte er: «Als ich noch so jung war,
wie Sie jetzt sind, konnte man auch nicht sagen, ob ich es weit in der Musik
bringen könne. Sie müssen mir höchstens Ihre Kompositionen am Klavier
vorspielen, aber ich habe jetzt keine Zeit. Wenn Sie einmal reifer sind und
größere Werke komponiert haben . . . können Sie mir Ihre Kompositionen
zeigen. Das geht nicht, ich kann jetzt über Ihre Werke gar kein Urteil abgeben.» Da ich dem Meister sagte, daß ich mir Mozart, Beethoven und
Haydn zum Vorbild nehme, sagte er: «Nun, das ist ja recht. Man kann nicht
gleich originell sein» (dabei lachte er). Zum Schlusse sagte er «Ich wünsche
Ihnen, lieber Freund, viel Glück zu Ihrer Laufbahn. Fahren Sie fort und
wenn ich wieder nach Wien komme, zeigen Sie mir Ihre Kompositionen.»
Hierauf schied ich tief bewegt und ergriffen vom Meister.*[62] Die Diskrepanz
zwischen den konventionellen Floskeln, die Wagner gebrauchte, um den
ungebetenen Gast loszuwerden, und der «tiefen Bewegung», ja «Ergriffenheit», die Wolf empfand, deutet darauf hin, daß er die Begegnung
subjektiv anders erlebt hat, als er es mit dürren Worten protokollieren
konnte. Wagner war fortan sein *Obergott*[63]. Er zelebrierte Wagnersche
Klavierauszüge, als vollzöge er eine kultische Handlung. Wenn er geen-
det «hatte – unter anderem führte er an einem Abend die Parsifalmusik in
wunderbarster Verklärung am Klaviere auf – dann schloß er den Flügel,
denn er duldete nicht, daß nach Wagner noch anderes gespielt werde»[64].
Wolf war und blieb ein bedingungsloser *Anbeter*[65] seiner Macht und Herr-
lichkeit – selbst als ihm klar wurde, daß dieser *Alte Zauberer*[66] (wie er ihn
mit Nietzsche nannte) *mehr Furcht, oder, wenn Sie so wollen, Ehrfurcht
als Liebe einflößt*[67]. In Wagner erlebte er eine quasi-göttliche Vater-Ge-
stalt, die – wie Wolf es in einem Brief an den großen Wagner-Dirigenten
Felix Mottl formulierte – *uns elende Lehmpatzen erst zu Menschen gemacht hat*[68]. In diesem Sinne war die Begegnung mit der Musik *dieses*

Richard Wagner   *Friedrich Nietzsche*

großartigen, erhabenen Monarchen im Reiche der Künste[69] zweifellos eine
Ermutigung zu eigener Kreativität. Sie hat ihm neue Perspektiven eröffnet, neue Wege gewiesen. Andererseits scheint es, daß eine so unumstöß-
lich dominierende Vaterfigur Wolfs künstlerischem Selbstvertrauen ge-
fährlich werden mußte. Das Studium von Wagners Partituren brachte
zwar eine Fülle musikalischer Anregungen, schuf jedoch zugleich einen
psychischen Druck, der hemmend auf Wolfs eigene Versuche, zu komponieren, wirkte. *Was bleibt mir da zu tun übrig?* klagte er 1882, *er hat mir
keinen Raum gelassen . . .*[70] Immer wieder erschien ihm die übermächtige
Gestalt Wagners in seinen Träumen, träumend reproduzierte er die sou-
verän desinteressierte Gestik Wagners im Hotel «Imperial» (*Wagner ging
ohne mich zu beachten in sein Zimmer*[71]), nun aber verschärft: Wolf redet
auf ihn ein, Wagner lacht und wäscht sich die Hände. *Zum Schluß bat ich
ihn, meine Kompositionen anzusehen, was er aber durchaus nicht wollte.*[72]
Merkwürdig berührt, daß Wolf mehrfach träumte, Wagner lasse ihn Luxusartikel in seinem *fabelhaft luxuriös* eingerichteten Bayreuther *Haus*[73]
anstaunen. An Mottl schrieb er über eines dieser Phantasie-Erlebnisse:
*Es war im selben Zimmer in Wahnfried, in welchem ich schon andermal im
Traum mit ihm verkehrt, als er mir seine chinesischen Vasen und Figuren*

mit sichtlichem Behagen vorzeigte. Wie eigentümlich![74] Die Deutung, Wagner demonstriere ihm, Wolf, der ein Leben lang unter seiner Armut gelitten hat, auch noch auf diesem Gebiet seine Überlegenheit, ist vielleicht nicht die einzig mögliche, wohl aber im Kontext von Wolfs Psyche die naheliegendste. In den depressiven Phasen beherrschte ihn der Gedanke, daß die unfaßbare Omnipotenz Wagners alles weitere Dichten und Komponieren überflüssig mache. 1890 äußerte Wolf unter dem Eindruck von Weingartners «Tannhäuser»-Dirigat, beim Anhören Wagnerscher Musik fühle er immer den Wunsch, sein eigenes Werk zu zerstören, weil es ihm dann völlig sinnlos erscheine. Im Herbst 1893 spielte er *die letzten Beethovenschen Sonaten,* studierte *den ganzen prächtigen Bau in seiner wundervollen Architektonik* und schrieb darüber: *Nach der berauschenden Narkose Wagnerscher Kunst dünkt mich Beethovensche Musik wie Himmelsäther und Waldesluft. Jene benimmt mir den Atem und schmettert mich zu Boden, diese aber erweitert die Lungen und befreit den Geist und macht einen förmlich zum guten Menschen, wie die Wagnersche Kunst in ihrer Überfülle einen zum Wurm degradiert.*[75] Friedrich Nietzsches gegen Wagner gerichtete Schriften, die nach 1888 erschienen, lösten in Wolf eine wahre Verwirrung der Gefühle aus.[76] Bei Ausbruch der Paralyse lehnte er Wagner zunächst vollkommen ab, und noch während seiner Remission (1898) meinte Wolf zu einem Freund: *Nein, mein Lieber, mit Parsifal ist es doch nichts!*[77]

Um die Jahreswende 1877/78 trat Wolf in Beziehung zu Prostituierten und zog sich, wahrscheinlich in dem Wiener Bordell «Lehmgruben»[78], die Infektion zu. Die Symptome der Früh-Syphilis, Hautausschläge, möglicherweise auch Haarausfall am Hinterkopf, dürfte er vor der Jahresmitte an sich beobachtet haben: Die zahlreichen Kompositionen der Monate Mai und Juni 1878 deuten darauf hin, daß er sich zu diesem Zeitpunkt aus seinem Bekanntenkreis zurückzog (Wolf arbeitete, auch später, stets in völliger Abgeschlossenheit).

Im Frühjahr 1878 hatte Wolf die Professorentochter Valentine («Vally») Franck kennengelernt und sich *furchtbar verliebt*[79]. Vally Franck, nach überlieferten Urteilen oberflächlich, doch schön, intelligent und charmant, war vier Jahre älter als Wolf. Ihre Beziehung zu Wolf war von Anfang an problematisch, da sie nur eine Jahreshälfte in Wien, die andere in Frankreich oder auf einem Landsitz in Böhmen verbrachte. Dorthin zog sie am 13. Mai um, fünf Tage später setzte ein kreativer Schub ein, den Wolf noch zehn Jahre danach, während der Arbeit an den *Mörike-Liedern,* als ereignishaft empfand: *Die Tage von Lodi scheinen sich in der Tat erneuern zu wollen. Mein Lodi im Lied ist bekanntlich das Jahr 1878 gewesen, damals komponierte ich fast jeden Tag ein gutes Lied, mitunter auch zwei.*[80] Die Texte der Lieder, vorwiegend von Heine, kreisen ausnahmslos um ein Thema: das Leid des unglücklichen Liebenden. Die

Der Vierundzwanzigjährige

Dialektik von Gefühl und Ironie, in der es bei Heine steht, wird von Wolf nicht nachvollzogen. Bei ihm sind Ausdruck und Mittel auch da emotional hochgetrieben, wo die Verse Abstand von Emotionalem nehmen. (So zerstört er die distanzierende Schlichtheit von Heines dreistrophigem Gedicht *Es war ein alter König* auf, gemessen an seiner späteren poetischen Sensibilität, nahezu barbarische Weise: durch ein fünfundzwanzigtaktiges Klavierzwischenspiel.) Daß der achtzehnjährige Komponist von *Aus meinen großen Schmerzen / mach' ich die kleinen Lieder* die eigene Seelenlage und die Beschäftigung mit der Musik in eins nahm, belegt seine Bemerkung über ein Klavier: *Ein gutes Instrument wird meine Schmerzen wohl verstehen und mir auch teilnehmend entgegenkommen.*[81] Wie intensiv er diesen Dialog erlebte, zeigt eine andere Briefstelle: *O, das ist Balsam auf meine Wunden! Das Instrument versteht mich, das tröstet mich oder reizt mich auf – je nachdem ich beruhigter oder aufgeregter mit ihm spreche.*[82]

Auch im folgenden Jahr setzt nach Vallys Abreise ein schöpferischer Impuls ein, wieder sprechen die Lieder, diesmal nach Lenau, *Fräulein V.... F.... geweiht*[83], von Fremde, Einsamkeit und Todessehnsucht: *Herbstentschluß* («Trübe Wolken, Herbstesluft / einsam wandl' ich meine Straßen / welkes Laub, kein Vogel ruft – / ach, wie stille! wie verlassen!»), *Herbst* («Und mir verging die Jugend so traurig, / des Frühlings Wonne blieb versäumt: / der Herbst durchweht mich trennungsschaurig, / mein Herz dem Tod entgegenträumt») und – von Wolf mit der Vortragsanweisung *krampfhaft, wie in leidenschaftlicher Aufwallung* versehen – *Frage nicht* («O still! ich möchte sonst erschrecken, / könnt' ich die Stelle nicht entdecken, / die unzerstört für Gott verbliebe / beim Tode deiner Liebe»). Das Gefühl, ein Fremder, Ausgestoßener zu sein, muß ihn damals oft befallen haben; in seiner Musik wie in seinen Briefen mischen sich pubertäres Selbstmitleid, Schwermut als zeitgebundene Attitüde, das tiefsitzende Gefühl, von niemandem verstanden zu werden, Bitterkeit gegen die Welt, aber auch Bitterkeit der Selbsterkenntnis: *O, die Steine sind mitleidiger als die Menschen, die hören geduldig zu und lachen einen nicht aus. Ich weiß wohl, Sie werden mich auslachen. Nur zu, ich bin's gewohnt ... Die Menschen sind ja weit unter den Steinen. In ihnen liegt es, mehr als ein Stein zu sein – sie wollen aber lieber Steine sein; auch gut. Vielleicht habe ich noch einmal die Ehre, in einen Narrenturm, der von dieser Sorte von Steinen aufgebaut wird, eingesperrt zu werden.*[84]

Gern hielt sich Wolf über *die gottlose Menschenbrut*[85] und die Verlogenheit der Welt auf, und zwar mit Vorliebe in Form riesiger hypotaktischer Satzkonstruktionen: *Bei Menschen, welche die erhabenen Lehren unseres Heilandes, das neue Testament, schon von rückwärts auswendig, in großen Zügen kennen, – ich meine die stolzen Goldlettern am Rücken des Einbandes – von vornherein aber diese schwarzen Buchstaben auf weißem Grunde fliehen, als wär' es der leibhaftige Teufel an der Wand (der freilich manchem zur Notdurft geweißtem Gewissen, als wär er mit sympathetischer Tinte darin eingeschrieben, durch die Tünche hindurch in seiner schwärzesten Paradeuniform, mit Schwanz und Krallen sich – und gerade an den schönsten Stellen – ganz unversehens präsentiert), bei solchen Menschen, die eben die andere sogenannte gebildete Gesellschaft ausmachen und die z. B. das Verdienst eines Menschen nicht nach dem beurteilt, was er kann, sondern was er aus seinem Können zu machen weiß (er muß ihnen also etwas weiß-machen, er muß lügen, betrügen, schwindeln und, um nicht für närrisch zu gelten, muß er die andern zum Narren halten, er muß eine Maske tragen, wie die andern, und das ist dann der Weltlauf: eine große Maskerade), bei solchen Menschen kann man schlechterdings nicht voraussetzen, daß sie mir nichts dir nichts ihre Masken (die ihnen oft schon zur natürlichen Fratze geworden), herabnehmen und unschuldig wie der*

Hugo Wolfs Brüder Gilbert und Max . . .

Baum des Lebens in die Welt hineingucken sollen; sie würden dumme Ge-
sichter machen und ausgelacht werden.[86] Stilistische Eigentümlichkeiten
dieser Art sind aufschlußreich, weil sie eine Entsprechung in Wolfs Komponieren finden: die ausufernde Form, die sich immer wieder durch Zu-
rückspringen ins Kopfmotiv zu retten sucht (im zitierten Beispiel: *Bei*
Menschen . . . bei solchen Menschen . . . bei solchen Menschen), und die
weitschweifig assoziierende Metaphorik (z. B. *auf weißem Grunde . . . zur*
Notdurft geweißtem Gewissen – zu machen weiß . . . muß ihnen also etwas
weiß-machen) sind, ins Musikalische einer rhapsodischen und durch Mo-
tiv-Reminiszenzen nur notdürftig zusammengehaltenen Form übersetzt,
Stilmerkmale der 1879/80 entstandenen Sätze des *d-moll-Streichquartetts*
und der gleichzeitigen Lieder. Die beiden achtstrophigen Gesänge *Nächt-*
liche Wanderung (Lenau) und *Das Kind am Brunnen* (Hebbel) ergehen
sich in kaum vermittelten Abschnitten, Leitmotive verraten allenfalls guten Willen zur Form. In dem Lenau-Lied *Traurige Wege* sind die beiden
ersten sowie die dritte und vierte Textstrophe zu zwei musikalischen Stro-
phen zusammengefaßt, deren melodisches Material aufeinander bezogen
ist; in der fünften und sechsten Textstrophe gibt Wolf die rhythmische
Grundbewegung unmotiviert auf und führt neues Material ein – das
Ganze wirkt unorganisch-zusammengestückelt. (Demgegenüber sind die
volksliedhaften Stücke wie *das 1877 komponierte einfache Liedchen Mor-*

gentau, über welches sich alle in dem Satz einigen, es fließe als wie ein ruhiger Bach hin[87], zwar formal geschlossen und makellos schön, aber uncharakteristisch.) *Abendbilder* (Lenau) ist eine Filmmusik ohne Film: Wolf reiht musikalisches Illustrationsmaterial wie an einer Wäscheleine auf, ohne sich über formalen Zusammenhalt noch die Haare grau werden zu lassen.

Bemerkenswert ist nun, daß parallel zu dem sprachlich konzisen Stil, den Wolf als Musikkritiker nach 1884 entwickelt, auch sein Komponieren im *Quartett-Finale* von 1884, dem *Humoristischen Intermezzo* von 1886, der *Italienischen Serenade* von 1887 zu einer aphoristischen, oft kühl-ironischen Präzision findet. Die Grenzen zwischen den beiden stilistischen Ebenen sind in den Jahren 1881 bis 1885 unverkennbar, doch im Detail häufig verwischt, weil Wolf in extremen Gefühlslagen zu dem wuchern-

... und seine älteste und jüngste Schwester Modesta und Adrienne

den Überschwang seines spätpubertären Stils zurückkehrte. Es ist zunächst die Lust an der Polemik, an der sich Wolfs Fähigkeit zur zugespitzten Formulierung entzündet, sie kennzeichnet seine Musikkritiken (in denen neben treffendem Spott allerdings auch dumpfe Aggressivität unterläuft) und hat selbst in seinem genialen Liedschaffen ihren Platz. Die Mörike-Lieder *Bei einer Trauung*, *Abschied* und *Zur Warnung* sind scharfe, durchaus intellektuelle Satire. Das Sentenziöse und Witzige (Goethes *Cophtisches Lied II*, *Genialisch Treiben*, *Beherzigung*, *Frech und froh I/II* u. v. a.) liegt ihm besonders. Indessen bedarf sein reifer Stil keineswegs der ironischen Sophistik, um zur Konzentration zu finden; und es bezeichnet den Rang des Komponisten Wolf, daß es ihm gelang, die glühende Phantastik seiner Jugendwerke (die das *d-moll-Quartett* trotz Brüchigkeiten in der Faktur so faszinierend macht) in die knappe, gedrängte Stilhöhe von 1888 einzubringen. Wenn sie in den Jugendwerken die Form, manchmal allzu schmissig, überrennt, so ist sie dort auf genial zu nennende Weise mit ihr kongruent.

«Die Art, wie er sich über künstlerische Dinge, auch über seine eigenen Werke äußerte, bildete in ihrer Knappheit und Deutlichkeit wahrhaft ein Seitenstück zu seinen Tondichtungen.»[88] Der breit angelegte Duktus von Wagners theoretischen Schriften, die Rhetorik der sich steigernden Wiederholungen (die Wagners dynamischem Sequenzprinzip Musik korrespondiert) berührte Wolf höchst unsympathisch: *Gestern vorm Einschlafen nahm ich einen Band Wagner zur Hand, klappte aber das Buch bald wieder zu, so widerlich berührte mich diese weitausgeholte, bandwurmartige Schreibart: Da ist der knorrige Gottfried* Keller *doch ein anderer Herr.* An Keller rühmte Wolf den *kristallklaren Stil*, dem es stets *um den kürzesten, prägnantesten Ausdruck zu tun*[89] sei – und formulierte damit sein eigenes ästhetisches Ideal: äußerste Schärfe der musikalischen Formulierung, eine Sprache ohne Floskeln, von knapper, zugleich unverwechselbarer Charakteristik. Zu Recht lobte er am 2. Akt seiner Oper *Der Corregidor*: *Da folgt Schlag auf Schlag in gedrängtester Kürze und jede Note hat Sinn und Bedeutung.*[90]

Der «neue Ton», zu dem Wolf Mitte der achtziger Jahre in seinen schriftlichen und musikalischen Äußerungen findet, liegt zeitlich und psychisch «hinter» einer Krise, die 1881 durch den Abbruch der Beziehung zu Vally Franck (die Wolfs tyrannisches Temperament nicht mehr ertrug) ausgelöst wird. *Ich mache so artige Sprünge und so pfiffig glaube ich auszusehen, daß ich tatsächlich nach meiner Pfeife zu tanzen mir einbilde – derweil ein recht häßlicher russiger Schlingel, der mich recht höhnisch anblinzelt und ganz teuflisch dazu wispert und auf dem Tanzboden meines zerrissenen wunden – todeswunden Herzens einen Eiertanz aufführt, als wollte er durch sein tölpisches Herumstampfen, wobei er seine spitzigen Absätze tief ins Herz bohrt, mit Gewalt die Jungen ausbrüten, die Jungen, die mich dann zerfleischen sollen – die Pfeife mit erschrecklicher Virtuosi-*

tät handhabt und mich Todesmüden ins Leben zurückhetzt – und immer tönt der schrille Pfeifenton fort, im Traum, im Wachen, zu Hause, in Gesellschaft – ach, ich werd' ihn nie los.[91] *Wer so grausam getäuscht worden, dem wird der schneidende Mißton der Pfeife wie mit glühenden Krallen in das Herz greifen und wo einst ein hoffnungsvoller Boden die jungen Keime mit seinem Herzblut genährt, auf daß die Ernte reichlich ausfalle – ist nun eine dürre Öde, wo Haß und Mißgunst, Hohn und Bosheit und anderes giftiges Gewürm hausen, sich einnisten und was nicht in ihrer Art ist, vernichten.*[92] Ob diese Metapher nur den *Bruch*[93] der Freundschaft meint, oder ob sich der Gedanke an die eigene Krankheit in das Bild drängt, bleibt dunkel, wie überhaupt eine Interpretation dieses Briefs wohl kaum Klarheit schaffen könnte, wo Wolf restlose Verwirrung artikuliert. Zeitweise war er wie gelähmt – *ich kann meine Gedanken jetzt unmöglich ordnen – ich kann nicht schreiben – kann überhaupt gar nichts tun*[94]. *Wenn mich endlich der Schlaf übermannt, werde ich furchtbar schrecklich aus den erschütternden Träumen aufgerüttelt*[95] – *darüber zu erwachen, tausendmal ihren Namen zu rufen, oft wie im Starrkampf dazuliegen, derweil das Hirn in Fieberhitze glüht – o! diese Qualen zu ertragen ... Um jetzt wach bleiben zu können, ist mir das Fantasieren am Klavier das heilsamste Arzneimittel. Ich bewohne zwei Zimmer in einem entlegenen Trakt unseres Hauses, so daß durch meine wilden Fantasien niemand gestört wird. O, das ist Balsam auf meine Wunden!*[96] So ist Musik das Medium seines Schmerzes. In diesen Tagen und schlaflosen Nächten entsteht ein sechsteiliger Chorzyklus nach Eichendorff-Texten für vierstimmigen Chor a capella. Die geistlichen Gedichte sprechen von der Nachtseite des Lebens, der Resignation des Ungetrösteten und Untröstlichen, dem inbrünstigen Flehen des Sünders um Heilung und Errettung vor dem Tod – ein Motiv, das den *Ungläubigen*[97] Wolf sein Leben lang angezogen hat.[98] Eine streng religiöse Erziehung war ihm, trotz der Herkunft aus ländlich-katholischem Milieu, erspart geblieben; wenn ihn die sakrale Atmosphäre immer wieder fasziniert hat, so doch nur, s o f e r n sie «Atmosphäre», «Stimmung», «Empfindung» ist.

In einem seiner Briefe schildert Wolf, daß ihm Vally Franck als nächtliche Lichtgestalt in der Einsamkeit begegne, *da erscheint sie mir, so schön und mild, wie ich sie nur immer mit den Augen der Seele gesehen. Bilder des Glücks seligsten Beisammenseins ziehen dann ganz so, wie es einstens wirklich war, vorüber – sie liebt mich – –*[99] Von einer solchen Vision in der Nacht – Traum und Kunstwerk ähneln sich ja durchaus darin, daß sie unbewußte Anteile enthalten – heißt es im dritten der Eichendorff-Chöre: «Die Jahre wie die Wolken gehn / und lassen mich hier einsam stehn, / die Welt hat mich vergessen, / da tratst du wunderbar zu mir», und Wolf hat die letzte Zeile wahrhaft als irreal-plötzlichen Lichteinbruch, in eine erschreckend schöne Wendung nach Ges-Dur gefaßt.

Wenige Tage nach Vollendung dieses Zyklus, am 14. Mai 1881, schrieb

Wolf seinen Eltern einen Brief, der, obwohl er mehr andeutet als ausspricht, zu den aufschlußreichsten Dokumenten aus seiner Hand zählt. Kommt im zuvor zitierten Brief die Enttäuschung zwar wirr, aber unmißverständlich zur Sprache, so erscheint sie hier sublimiert zu einer Metaphysik der Musik, die erklären kann, warum Wolf in seinem psychisch desolaten Zustand *das Fantasieren am Klavier* als *das heilsamste Arzneimittel* und *Balsam auf meine Wunden*[100] empfand. Die Terminologie des Briefs wirkt auf den ersten Blick kryptisch, aber sie gehört in die Diktion der Zeit. Zu Weihnachten 1880 hatte Wolf von einem Freund *zwei Bände Schopenhauer*[101] erhalten, aber schon 1877 *besprachen* sich Wolf und Gustav *Schoenaich* (ein Wagnerianer, der *den größten Einfluß* auf ihn ausübte) *öfter über die Schopenhauersche Philosophie.*[102] Sie schmeichelte ihm in vierfacher Hinsicht: dem Musiker Wolf in der von Schopenhauer postulierten Sonderstellung der Musik gegenüber allen anderen Künsten, dem Kranken Wolf in ihrer pejorativen Wertung des Körpers, dem Melancholiker Wolf in der Überzeugung, alles Leben sei Leiden, und dem Genie Wolf, weil es nach Schopenhauer nur diesem gegeben ist, den Willen zum Leben in der Anschauung des Schönen zur Ruhe zu bringen. *Beim Ausklingen einer reinen Harmonie ist es mir, als regten sich die Schwingen der Seele in der Vibration der Tonwellen* – die erzromantische Vorstellung eines Gleichgestimmtseins von Seele und musikalischer Harmonie – *und wie sie sich immer mehr verlieren und endlich gar nicht mehr erklingen und sich* kraft mystischer Sphärenharmonie *in die Unendlichkeit verirren – so bleibe ich, der Körper, welcher der elende Klavierkasten, wohl scheinbar am Leben, aber das belebende Prinzip, die Seele, ist gleich den verklungenen Harmonien entwichen und hat sich in dem All verloren: dieses seligste Gefühl mir im wachen Zustande recht klar einzuprägen, sind, wenn dies mir gelingt, die einzig glücklichen Stunden meines Daseins. Mein Leben wird mir nur dadurch, daß es mir vergönnt ist, das höchste, süßeste Gefühl, das des gänzlichen Aufgehens im Weltenraum, in Tönen zu empfinden, erträglich; daß ich so glücklich bin, der Wonnen der gänzlichen Auflösung (wenn der Körper auch inbegriffen ist, nennt man es: Tod) schon bei Lebzeiten teilhaftig zu werden, hat mich milder gestimmt, da doch die meisten Menschen so lange leben müssen, bis sie wirklich tot sind.*[103] Erfahrungen dieser Art sind unverkennbar nach Wagners «Tristan»-Dichtung formuliert, die mit den Worten endet: «In des Wonnemeeres / wogendem Schwall, / in der Duft-Wellen / tönendem Schall, / in des Welt-Atems / wehendem All – / ertrinken – / versinken – / unbewußt – / höchste Lust!» Indessen gibt es nach Schopenhauer neben dem esoterischen Weg des Genies, den Willen in der Anschauung des Schönen stillzulegen (ihn reklamierte Wolf für sich), noch den exoterischen eines Mitleids, das, auf seiner höchsten Stufe, den Unterschied zwischen der eigenen und der fremden Person und damit den individuellen Willen aus den Angeln hebt: *Man sagt zwar, daß man in der Liebe zu einem Weibe –*

Arthur Schopenhauer. Zeichnung von L. Kleemann

auch hier hat der Dichter-Komponist des «Tristan» Pate gestanden, denn gerade sie meinte Schopenhauer nicht – *im innigsten Verein des Herzens und der Seele, diese Vorahnungen des Todes empfinden soll, indem jedes aus sich heraustritt und, da eines im andern seine Welt sieht, gleichsam in dieser Welt aufgeht. Das wird wohl so sein – mir muß die Kunst die untreue Geliebte ersetzen.* Das klingt beinahe unwillig, als habe Wolf die Kunst als ungleichwertiges Substitut empfunden; der Verzicht hat aber, so redet er sich ein, auch seine guten Seiten: *Doch ich bin's zufrieden. Der Künstler muß sich erst zum höchsten Inbegriff des Göttlichen aufschwingen, der gewöhnliche Mensch zur tiefsten Erkenntnis seiner tierischen Natur gelangen* (ob dies *in der Liebe zu einem Weibe* geschieht oder ob Wolf hier den körperlichen Tod als das Mensch und Tier Gemeinsame meint, bleibt unklar), *ehe beide dieselben Wonnen empfinden.*[104]

Das ästhetische Erlebnis, das legt nicht nur der romantisch umgekrempelte Platonismus dieser Zeilen nahe, war für Wolf ein Quietiv, ja Rauschmittel, zu dem er griff, wenn er das «wirkliche» Leben als schmerzhaft

Hermann Bahr

empfand: er hat es selbst so beschrieben. *Will er nur halbwegs leben,* so muß Wolf *Zuflucht zu* seiner *Einbildungskraft* nehmen, *denn diese ist mir als der traurige Ersatz für den unnennbaren Schatz verblieben, der mir verloren gegangen ist durch ihre –* Vally Francks *– Treulosigkeit.*[105] *Nichts kann mich in eine so poetische Stimmung versetzen,* schreibt er aus dem Kloster Heiligkreuz, *als eine Weile (besonders in der Dämmerung) im Kreuzgang zu verträumen, um für einige Zeit durch den mitgenommenen Eindruck der poesieloseren Gegenwart zu entfliehen; und wenn dann diese Empfindung verbraucht ist – flugs bin ich wieder dort und hole mir meine Arznei, die mir dadurch, daß ich mich ganz in den Strom der Vergessenheit stürze, die ersten Eindrücke um so dauernder meiner Seele einprägt, als ich nach meinem Erwachen gleich in meinem Element bin und keine vorausgegangene Disharmonie den melodischen Wohllaut meiner Empfindung* *schwächt.*[106] Hugo Wolfs Empfinden entspricht dem Baudelaires, der, nachdem er den «Tannhäuser» gehört hat, «des Wunsches nicht Herr zu werden vermochte, immer wieder in jenen Zustand mich zurückversetzen zu lassen»[107]. Die Beobachtung, Wagners Musik wirke auf manche Menschen wie ein Narkotikum (Wolf selbst sprach von einer *berauschenden Narkose*[108]), erklärt wohl ein Gutteil jener ungeheuren Faszination, die «Tannhäuser» und «Lohengrin» auf den jungen Wolf ausübten, zumal auch in ihnen das religiöse Moment (Wolf ist in Heiligkreuz *so entzückt und ergriffen, daß ich keinen anderen Wunsch mehr übrig hatte als den: Mönch zu sein*) auf ganz besonders *poetische*[109] Weise zum ästhetischen und emotionalen Erlebnis beitrug.

Indessen scheint sich gerade an der äußersten Verstiegenheit die andere Seite von Wolfs zersplittertem Wesen zu entzünden: sein scharfer, geschliffener Witz, sein kritischer Intellekt, seine erstaunliche Beobachtungsgabe. Er, der Wagners Musik als Versinken in kosmischen Gefühlen erlebt, fühlt sich durch die erbärmliche Alltäglichkeit mit ihren kleinen Schikanen aufs äußerste gereizt. Er liebt es (später auch musikalisch), seine Umwelt zu karikieren, belanglose Begebenheiten zur grotesken Szene zu steigern, wie die folgende Briefstelle (die sich auf eine Wagner-Aufführung bezieht) zeigt: *Ich war froh, in der ersten Reihe mirs bequem machen zu können, vor allem dem Hin- und Herfuchteln der höllischen Fächer entgangen zu sein, als – o Schreck! nach den ersten 16 Takten des Vorspiels eine weibliche Fleischmasse sich heranwälzte und just rechts von mir wie eine Lawine auf den Sitz polterte. Was tut nun dieser Dickteufel? Er pustet, pfaucht und schnauft wie eine Lastenzug, bald darauf erhebt sich ein Sturmwind, ein Klappern, als wären sämtliche Mühlen Hollands des Teufels – eine gräßliche Ahnung steigt in mir auf – halb ohnmächtig schiel ich rechts zu ihr hin – ich hatte mich nicht getäuscht – das Orchester spielte die sanfte E-Dur-Stelle, meine Nachbarin die stürmischen Violinpassagen aus dem Fliegenden Holländer – in ihren Teufelskrallen raste furchtbar geschäftig ein entsetzlich langer und breiter – Fächer. Mit einem letzten Kraftaufwand von Verzweiflung raffte ich mich auf und sah sie mit einem so giftigen Basiliskenblick von Haß und Tod an – daß sie bestürzt innehielt, den Fächer weglegte und ihn selbst in den Zwischenakten nicht mehr zur Hand nahm. Ich war gerettet. Leben Sie wohl!*[110]

In jeder zulänglichen Charakteristik Wolfs tun sich schroffe Gegensätze auf. Seine Freunde berichten von einer anhaltenden Neigung zu tiefen Depressionen, aber auch von einem unnachahmlichen Charme und Witz, einer sprühenden Lebhaftigkeit. Bei aller mimosenhaften Zartheit zeigte Wolf ein bemerkenswertes Maß an Trotz und Ausdauer, wenn es um seine Interessen ging. Er, dessen Äußerungen zuweilen von hanebüchener Grobheit sind, war zugleich ein Mensch von tiefer Empfindungsfähigkeit, ein Sensibilist, der sich, nach dem Zeugnis von Hermann Bahr, jedes Wort «auf der Zunge zergehen ließ», dessen Musik feinste Valeurs

Café «Griensteidl» am Michaelerplatz, Wien

der Sprache und, «unterhalb» der Sprache, des nicht mehr Sagbaren nachvollzieht. «Ich habe nie wieder so vorlesen hören», schreibt Bahr. «Er hatte ein Gefühl für jede leise Biegung des Gedankens, jeden Nebenton des Wortes, jede heimlichste Nuance, wie man es nur manchmal bei Franzosen findet, bei Fanatikern Verlaines oder Baudelaires.»[111] Schon sein zuweilen ungewöhnlich derber Humor unterscheidet ihn freilich von den anämisch sublimierten Ästhetizisten des fin de siècle. Höchst bezeichnend ist die folgende Einladung Wolfs aus dem Jahre 1888: *Vielleicht lockt Sie die Mitteilung, daß ich ein Heft neuer Lieder von Mörike komponiert und ich sage Ihnen (aber ganz leise) so schön, wie sich in der ganzen Liedliteratur kaum besseres vorfindet. Wenn Sie mir nicht glauben wollen, so hören Sie's an. Kommen Sie! Sie haben völlige Freiheit zu spucken, zu schneuzen, zu rülpsen und zu kotzen, wann's Ihnen beliebt.*[112] Hermann Bahr berichtet, Wolf habe manche Gedichte in Grund und Boden gelesen: «Nun hatte er, wenn er ergrimmt war, einen so höllisch infamen Ausdruck von Tücke und Hohn in der Stimme, daß es überhaupt kein Gedicht gibt, welches vertragen würde, so vorgelesen zu werden. Wir wanden und schüttelten uns und schrien.»[113]

Seinen «typischen» Habitus, der bei aller Aversion gegen *zu viel Milch der frommen Denkungsart*[114] Schwärmerei, *Gefühl, sentiment* keineswegs ausschließt, aber in Intellekt und Humor ein Gegengewicht besitzt, entwickelte Wolf erst nach 1881. *Ich kann mir halt nicht helfen,* schreibt der Zweiundzwanzigjährige, *die Leute, die gar zu viel Empfindung konsumieren und diesen stickstoffhaltigen Empfindungsdusel nicht mit geistigem Sauerstoff oxidieren, sind mir unerträglich.*[115] Er selbst war jedenfalls entschlossen, *endlich einmal die Vernunft in ihrem angestammten Rechte walten zu lassen.*[116] Diese Entwicklung spiegelt das *Streichquartett* in d-moll, das Wolf mit längeren zeitlichen Unterbrechungen mehr als sechs Jahre beschäftigt hat. Scherzo und Kopfsatz entstanden um die Jahreswende 1878/79, der *langsame* Satz im Sommer 1880, das *Finale,* in zeitlicher und emotionaler Distanz, 1884. Solche Distanz erklärt die nahezu kapriziöstänzerische Haltung des *Finales*, das in seinem Verzicht auf expressiven Sprachcharakter – gegen die Spannungen des Kopfsatzes gehalten – fast wie eine ironische Antiklimax wirkt und deshalb oft als unbefriedigend angesehen wurde.[117] Dieses Urteil mag absolut musikalisch zu Recht bestehen, geht aber an der radikalen Psychologisierung vorbei, die der Musik des jungen Wolf zu eigen ist.

Angeregt durch Wagners ebenso berühmte wie fragwürdige Deutung von Beethovens IX. Symphonie hat Wolf diesem Werk die programmatische Devise *Entbehren sollst du, sollst entbehren* (aus Goethes «Faust») vorangestellt. Mit der «Neunten» teilt das *Quartett* auch die ungewöhnliche Satzfolge (Scherzo vor dem Adagio) und die Tonart, von ihr hat es auch das Finale-Problem geerbt. Alle deutschen Komponisten mehrsätziger Instrumentalmusik im 19. Jahrhundert sahen sich vor das Problem gestellt, nach Beethovens Schlüsselwerk eine befriedigende Lösung für den Schlußsatz zu finden: er sollte nicht mehr, wie es in der Musik des 18. Jahrhunderts die Regel ist, den Hörer verabschieden, sondern sich den Spannungen des Kopfsatzes stellen. Wolf scheiterte zunächst an der Aufgabe, ein solches Finale zu schreiben. *Das Quartett habe ich aufgegeben … Es bleibt ein Versuch, der aber Früchte getragen hat, denn das nächste Quartett muß besser werden.*[118] Daß Wolf sich 1884 in der Lage sah, doch noch ein *Finale* zu schreiben, nun aber eines, das gleichsam «mit Humor» auf die extremen Konflikte des ersten Satzes antwortet, entspricht genau jenem Standpunkt, den er nachträglich zu der gesamten Problematik seiner Jugendliebe (1878–81) einnahm. *War das eine traurige Zeit vor zwei Jahren im Gegensatz zu jetzt. Frisch, fromm, fröhlich, frei – dies meine Grundstimmung. Zukunft und Vergangenheit sind mir fern: ich lebe nur in der Gegenwart und das macht mich so froh und glücklich. Daß ich einstmals so einfältig sein konnte, wie ein Duckmäuser den Kopf hängen zu lassen, könnte mich jetzt ärgern, wäre ich nicht gar zu sehr zum Lachen aufgelegt.*[119] Wie gefährdet diese Heiterkeit und Ruhe war, die Wolf mit einem Sprung *in* das *Meer des kalten Verstandes (ich meine das Eismeer)*[120] erreicht hatte, erwies sich bei einer von Freunden arrangierten Begegnung mit Vally Franck im Winter 1882/83: Hugo Wolf riß sich von seinem Gastgeber los und ergriff buchstäblich die Flucht. Von solch labiler Art ist auch die «spukhafte, bisweilen fahle Heiterkeit» des *Quartett-Finales* mit seinen «tonalen Entgleisungen» (Harry Halbreich)[121].

Hugo Wolf hat das *Entbehren sollst du, sollst entbehren* nicht im Sinne des modischen Pessimismus der Zeit als müde Resignation begriffen, sondern ganz im Gegenteil dramatisch explosiv erhitzt. Das Wort Alfred Einsteins vom «pubertätsmäßigen und unreifen Streichquartett»[122] trifft etwas Richtiges; zumal der 1. Satz wird von einem Tonfall trotziger Unreife beherrscht, der in der Vortragsbezeichnung *wütend*, kurz vor der eingeschalteten Reprise der *Grave*-Einleitung, ganz explizit erscheint. Dieser Musik sind die Erschütterungen von 1878/79 eingegraben. Das Scherzo, aus dem Jahr der *Heine-Lieder*, hat Wolf dem «Allegro assai vivace» aus Beethovens op. 95 nachgebildet, jenem Quartetto serioso, dessen Komposition, wie die Beethoven-Biographik des 19. Jahrhunderts behauptete, durch die unglückliche Liebesaffäre mit Therese Malfatti ausgelöst worden sein soll (ein Detail, das Wolf zweifellos kannte): jener Beethoven, der herb männlich allen Schicksalsschlägen getrutzt haben soll, war ihm als faustischer Archetypus des Dulders und Helden geläufig. In diesem Zusammenhang könnte es nicht ganz bedeutungslos sein, daß Wolf das Scherzo in seiner Wohnung im Beethoven-Haus an der Schwarzspanierstraße begonnen hat. *Beethoven* verdankte Wolf, nach seinem eigenen Bekenntnis, *die höchsten Genüsse des Lebens. Tiefstes Weh und wonniger Jubel, die Qualen des Prometheus und die Seligkeit des Nirwana, jede menschliche Regung* erschloß sich ihm in den Werken Beethovens und Wagners – *durch gänzliches Aufgehen in dieselben werden wir erst unseres besseren Seins bewußt. Ihre Melodien sind Genien, an deren Hand, über das dumpfe Hinbrüten der Alltäglichkeit hinweggeführt, wir einer besseren Welt zuschweben, wie wir sie vielleicht nur in den seligen Träumen der Kindheit geahnt.*[123] Wenn es stimmt, daß die Symptome der Früh-Syphilis zu den quälenden *Alltäglichkeiten* gehörten, denen *das dumpfe Hinbrüten* Wolfs bei Beginn der Arbeit am *d-moll-Quartett* galt (und es gibt keinen Grund, daran zu zweifeln), dann führen Beethoven und Wagner – in Gestalt musikalischer Reminiszenzen präsent – im *langsam, breit, innig* überschriebenen 3. Satz in der Tat in eine Welt, wie sie Wolf *vielleicht nur in den seligen Träumen* ahnen mochte. Dieser Satz ist eine Vision der Genesung, der Heilung, der Befreiung von Krankheit, und die beiden *Melodien ... an deren Hand* der Komponist dieser besseren Welt «zuschwebt», sind die Gralsklänge aus «Lohengrin», wie sie gleich zu Beginn und dann mehrfach im Verlauf des Satzes con sordino erscheinen, sowie Reminiszenzen an den 3. Satz von Beethovens a-moll-Quartett op. 132, der die Überschriften «Heiliger Dankgesang eines Genesenen an die Gottheit» – «Neue Kraft fühlend» trägt. Diese musikalischen Symbole

Ludwig van Beethoven.
Zeichnung von Stefan Dekker

der Regeneration (der Gral spendet Heilung und Leben), die das Persön-
lichste religiös artikulieren, werden mehrfach attackiert und verdrängt
von einer aggressiven rhythmischen Figur, einer punktierten 8tel- und
vier 64tel-Noten auf demselben Ton, die lauernd im *pianissimo* einsetzt,
vom Cello auf die anderen Instrumente übergreift und zum *fortissimo*
crescendiert. Liest man den Satz als psychologisches Protokoll (und es
liegt nahe, dies bei einer «Form» zu tun, die sich lediglich als Verschieben
bedeutungsmäßig fixierter Klangflächen ohne gemeinsame melodische
Substanz bestimmt), so läßt sich resümieren: die Genesung war zwar gefährdet, doch am Ende behält das «Lohengrin»-Zitat der drei hohen
Streicher (Takt 242–249) und, nach einer Fermate, der warme dolce-
Dankgesang (Takt 250–263, vgl. Beethoven op. 132 Molto Adagio, Takt
168 f) recht. Ob Wolf hier mit Beethoven und Wagner *die Seligkeit*[124]
«eines Genesenen» als bloßen Wunsch beschwor, oder ob er sich tatsächlich der Illusion hingab, die Krankheit sei abgeklungen, darüber läßt sich
nur spekulieren; die Tatsache, daß die Komposition des *langsamen* Satzes
in eine Latenzzeit fällt, in der die Symptome der Früh-Syphilis (Kondy-
lome, Syphilide) verschwunden waren, läßt die zweite Hypothese an
Wahrscheinlichkeit gewinnen.

Im Januar 1881 wurde das *Quartett*, offenbar dreisätzig, in einem Pri-
vatzirkel uraufgeführt. Nach dieser *Hinrichtung* hatte sich *die Anzahl*

Die Ablehnung des d-moll-Quartetts, geschrieben vom Bratschisten des Rosé-Quartett, Sigismund Bachrich

meiner stets neu erfundenen Flüche und Schimpfwörter nicht nur vermehrt, sondern auch dergestalt onomatopoeisiert, daß Wolf *in einem einzigen Flu- che allein schon ... die katzenjämmerliche Stimmung des Komponisten* reproduzieren konnte, *der mit innerem Grausen den vier Mordgesellen, die – auf sein Zeichen – die Mordinstrumente schwingen, zusehen muß, wie sie sein Kind schaudervoll verstümmeln.*[125] Im September 1885 ließ Wolf das komplette Werk dem Rosé-Quartett zukommen, das jedoch die Aufführung ablehnte. Durch das Verhalten der von dem jüdischen Geiger Arnold *Rosé, recte Rosenblum* geleiteten Kammermusikvereinigung sah sich Wolf in seinen antisemitischen Vorurteilen bestätigt: *Mir scheints, ihm gefällt meine Nase nicht, vermutlich weil sie nicht orientalisch wie die seinige ist.*[126] In einer *Musik?* betitelten Selbstpersiflage versuchte Wolf die Enttäuschung krampfhaft ins Komische zu wenden. *Es gibt wohl kaum etwas betrübenderes, als einen noch so bescheidenen Wunsch nie erfüllt sehen zu können.*[127] *Man wird darüber zum Narren, zum Trunkenbold, zum Misanthropen, zum Sterndeuter, zum Hungerleider, zum Schatzgräber, zum Schuldenmacher, zum Teufelsbeschwörer, zum lyrischen Dichter, zum Bummler, zum unglücklichen Liebhaber, ja sogar zum Rezensenten (wie z. B. ich) und Gott weiß, zu was allem nützlichen noch und angenehmen. Fürwahr, man sollte, solchen Übelständen zu entgehen, sich in ein möglichst kühles Verhältnis zu seinen Wünschen und Hoffnungen stellen, ihnen so wenig als nur möglich Gehör schenken, man sollte Sprechstunden für so prätentiöse Gäste einrichten und diese Sprechstunden so unpünktlich, als die eigene Hochachtung, die jeder Lump für sich hegt, nicht gerade darunter leidet, einhalten.*[128] *Meine Herren! Haben Sie Mitleid mit uns armen Komponisten. Brüllen Sie nie einstimmig, wenn Sie ein Werk verurteilen, verteilen Sie sich in Atome, wofern Sie so etwas vermögen, aber* – spätestens hier erweist sich die Ironie als höchst zerbrechliche Maske, der Ton wird beinahe kläglich – *lassen Sie sich's nicht beikommen, hoffnungsvollen Autoren so gotteslästerliches, ungereimtes Zeug von einstimmigen Beschlüssen gegen dieses oder jenes ihrer Werke zukommen zu lassen.*[129]

Wolf hatte versucht, mit dem Jahr 1881 einen Schlußstrich unter sein bisheriges Leben zu ziehen. *In der dunstigen, schwülen Atmosphäre, in der ich bis annoch gelebt, wußte ich vom Luftschnappen ganz und gar nichts. Ebensowenig, daß ich über-schnappt war. Dieses Traumleben geht nun seinem Ende entgegen.* Er hoffte, nun doch *ein ordentlicher Mensch*[130] zu werden, schließlich sei er *noch nicht auf diesem verlotterten Malerstandpunkt angelangt ... der in Zierpuppen und Putzgreteln das Ziel seiner Sehnsucht nach dem weiblichen Ideal erblickt. Zum Glück gibt's noch was Besseres als schöne Gesichter und üppige Leiber.*[131] Mit Vorliebe las er aus Schopenhauers Abhandlung «über die Weiber» vor, *denn* – so witzelte er in einem Gedicht – *auf die Damen / diese Monstramen (von Monstrum) / kann man nicht bauen, / nur «schopenhauen»*[132]. Er nahm sich vor, *mit Weibern* nur noch *auf Distanz zu verkehren*[133] und *einer echten und rechten Freundschaft, wie solche nur unter Männern üblich zu sein pflegt*, gespeist aus dem nur Männer erreichbaren, *unendlich tieferen Gefühl der Zuneigung und Hochachtung*[134] den Vorzug zu geben. Der Komponist Wolf

Handschrift von Wolfs Rezension des Brucknerschen Streichquintetts für das Wiener «Salonblatt»

mied von nun an bewußt (*Auf stille Sehnsucht und wunde Melancholie bin ich zu wenig eingeschossen*[135]) Lenau und Heine, das in Lust und Leid emphatische Liebeslied der Romantik und des fin de siècle (das er als *Gewinsel von Herz und Schmerz, Liebe und Triebe, Tränen und Flennen, Sehnen und Brennen*[136] abtat) und suchte vielfach gerade dessen nüchternen Gegentypus, so bei Keller und in Paul Heyses Übertragungen aus dem Italienischen. Eine seiner literarischen Vorlieben (*superb und urdrollig*[137]) war bezeichnenderweise Kellers Romantiker-Satire «Der Apotheker von Chamonix», nach den Worten des Dichters eine «Gegenübung» zu Heines «Romanzero»[138], die ihren Stoff einer Zeitungsente, der tragikomischen Geschichte eines verunglückten Liebhabers, verdankt.

Die Lieder Schuberts und Schumanns sind in ihrer Mehrzahl Selbstbekenntnisse, die das Liebesmotiv umkreisen – unverkennbar in den großen Zyklen, in denen die musikalische Sprache am persönlichsten ist: der «Winterreise» und der «Dichterliebe». Mit dieser Tradition der Textwahl, die für sein Jugendwerk bestimmend war, hat Wolf in seinem reifen Liedschaffen gebrochen. Er selbst bezeichnete sich – zu Recht – als einen Komponisten, *der aus allen Tonarten pfeifen kann, der sich mit der abgeschiedenen Vielfraß-weis' ebensogut abzufinden versteht wie mit der Regenbogen- und Nachtigallen-weis'*[139]. Nachdem es ihm gelungen war, die vaterländisch-*philiströsen Textworte*[140] von Reinicks *Dem Vaterland* musikalisch zu bewältigen, staunte Wolf: *Wie ich zu diesem todesmutig-patriotischen Ton gelange, ist mir selber rätselhaft. Ich fange nachgerade an zu glauben, daß ich eben alles kann.*[141] Zwischen der ironischen Kühle der Lyrik Kellers und der morbiden Hysterie der Sünder des *Spanischen Liederbuchs* («Sieh, ich komm' in Tränen heiß, mit demütiger Gebärde, dunkel ganz vom Staub der Erde») vermittelt eine charakterisierende Omnipotenz, die in der Musikgeschichte nicht ihresgleichen hat.

Hugo Wolf betrachtete sich seit 1887 als *objektiven Lyriker*[142]: als einen Komponisten, der nicht seine privaten Gefühle in die Vertonung einbringt, sondern stets nur Dichtung in Musik umsetzt. Gleichwohl ist auch in seinem Schaffen bis zuletzt ein subjektiver Impuls wirksam. Das Trauma von 1881 saß tiefer, als Wolf in seinen Sarkasmen über *Weiber*[143] wahrhaben wollte. In den Jahren 1883 bis 1885 und 1897 beschäftigte ihn Kleists *Penthesilea*. Das zentrale Motiv des Trauerspiels, die Grausamkeit der Frau und die Verletzlichkeit des Mannes, rührt an die alte Wunde. Diesen Kampf der Geschlechter, das Verhältnis von Mann und Frau als Problem des Herrschens und Beherrschtwerdens nehmen die späteren Werke (die Keller-Lieder, das *weltliche Spanische* und das *Italienische Liederbuch*) unverkennbar, aber zunächst nur ironisch, wieder auf. Sein letztes Werk, das Opernfragment *Manuel Venegas,* kreist in seiner zentralen Schicht um eine traumatische Liebesbeziehung. Hugo Wolf war *ganz berauscht* von den Versen: *Ha, was seh ich! Sie! Doch nein, das Weib des andern! Unrein, ungetreues Weib! Schändliche Verräterin! Schwarzer Dämon meines Lebens, der die Seele mir vergiftet!*[144] Rasende Eifersucht und verletzter Stolz bezeichnen auch den extremen Punkt der Gefühlskurve in Wolfs einziger vollendeter Oper *Der Corregidor,* und zwar bezeichnenderweise nur auf seiten des männlichen Partners. In *Penthesilea* und *Ma-*

nuel Venegas endet der Konflikt tödlich (Manuel erdrückt seine Geliebte und wird anschließend umgebracht); in *Der Corregidor* schlägt er im Augenblick äußerster Verzweiflung in jene Komödie der Verwechslungen um, von der er seinen Ausgang nahm. Eine subjektiv gesteuerte Auswahl mit eindeutiger Tendenz hat bereits Ernest Newman im Fall des *Italienischen Liederbuchs* nachgewiesen: «Kaum jemals läßt Wolf die Frauengestalten die Höhen und Tiefen wahrer Leidenschaft ebenso erleben wie die Männergestalten. Daß er hier gezielt auswählte, kann niemand bezweifeln, der Heyses komplette Sammlung kennt: In ihr findet sich eine ganze Reihe von Frauenliedern, die jene Intensität des Gefühls besitzen, auf die Wolf so erpicht war, wenn ein Mann das lyrische Subjekt ist ... In beiden Bänden ist es fast ausnahmslos der Mann, den Wolf als Medium einer neuen Gefühls- und Gedankenwelt wählt.» [145] Auch im *Spanischen Liederbuch* sind die tiefen Gefühle (*Alle gingen, Herz, zur Ruh; Dereinst, dereinst; Tief im Herzen trag' ich Pein; Komm, o Tod; Ich fuhr über Meer; Blindes Schauen*) den Männern vorbehalten; sie sind unglücklich, verbittert und nur im Gedanken an den Tod getröstet. Deprimiert und in ihrer Lebensaktivität gelähmt sehen sie den Frauen zu, die fast durchweg launisch und kapriziös bis zur Exaltiertheit erscheinen. Nur die Männer Tio Lukas [146] und Manuel Venegas werden in Wolfs beiden Opern zu tragischen Gestalten. Das Eigensinnige dieser Textwahl und -behandlung ist intern musikalisch und literarisch nicht zu begründen und fordert eine psychologische Erklärung. Sie scheint darin zu liegen, daß Wolf zeitweise, wenn auch keineswegs kontinuierlich, der Überzeugung nachhing, wahre «Größe» sei dem Mann vorbehalten. *Der Geist bei Frauen (glaube ich) ist gemeinhin nur Alkohol; hell aufflackernd, blitzend, ein brilliantes Feuerwerk, eine Rakete und hierauf plötzliches Erlöschen. Darin (glaube ich) beruht ihre Eigentümlichkeit, daß sie nie etwas Großes, Ganzes schaffen.* [147]

Der Kritiker – Die großen Dichterzyklen

Hugo Wolfs Entwicklung zeigt, bereits in den Jahren vor 1888, die Diskontinuität des Manisch-Depressiven. Einerseits hat schon der Achtzehnjährige die höchsten Ideale vor Augen und geht *nie* an dem Wiener *Schubertmonument vorüber ... ohne meine Betrachtungen darüber anzustellen*[148]. *Rastlos treibt es mich, mein schwaches Talent zu überbieten, meinen Gesichtskreis zu erweitern, meinem Denken, Handeln und Empfinden einen womöglich gereiften Ausdruck zu verleihen. Hie und da sehe ich auch mein Streben durch einigen Erfolg belohnt. Doch befriedigt er mich nicht, sondern reizt mich nur an, noch größere Anforderungen an mich zu stellen. Die Leute versprechen sich viel von mir, ich fühle auch die Kraft, mich über das gewöhnliche Niveau emporzuarbeiten. Doch verlassen mich auch oft die Kräfte, so daß ich bei längerem Ruhestand meiner geistigen Kräfte, oder wo die Reflexion das innere natürliche Empfinden überwiegt, fast an meinem Berufe zweifeln möchte; aber auf einmal entsteht ganz unbewußt eine Arbeit unter meinen Händen, die mich überzeugt, daß das Talent in mir nicht eingeschlafen, sondern nur geschlummert.*[149] Die Erfahrung, daß man Kunst nicht «machen», Phantasie nicht kommandieren könne, ist Wolf von Anfang an präsent. Er war überzeugt, warten zu müssen, bis «es» sich ereignet.

Andererseits überfielen ihn im Laufe der achtziger Jahre immer wieder tiefe Zweifel am Sinn eines solchen Lebens *nur im Dienste der Zukunft*: *Wenn schon alle Strick' reißen und mir die Welt tatsächlich wie mit Brettern verschlagen scheint, die wegzuräumen die Menschlein all ihren Witz und Verstand abmühen, oder sich ein Loch durchzubohren, um wie weiland Moses das gelobte Land zu schauen, das er nie betreten sollte; wenn mir dann so recht mauserig zumute wird bei dem Gedanken, daß wir gleich blinden Maulwürfen im Finstern herumtappen, rastlos geschäftig wie die Hamster Schätze für die Zukunft aufspeichern, als ob es gar keine Gegenwart gäbe, die auszunützen uns nur im Dienste der Zukunft zweckmäßig erscheint – jemand zu dienen, den man noch gar nicht kennt – O Menschenverstand, diesen Unsinn hast du am Gewissen! Wenn ich selbst in mir einen solchen Zukunftslakaien mit der Märtyrerkrone sehe, der durch einen moralischen Höllenzwang behext sich darin gefällt, immer über das Ziel oder in die Zukunft oder, besser gesagt, in etwas hineinzuschießen, das gar nicht*

Das Schubert-Denkmal in Wien

vorhanden, außer in seinem verdrehten Kopf, wenn dann doch einmal der heilige Geist in Gestalt der feurigen Zungen wie einstens über die heiligen Apostel auch über mich kommt – ach! dann erleuchtet er mich nur insoweit, daß ich klar in die Vergangenheit schauend mit Schrecken sehe, was für ein ungeheurer Tropf ich bin, denn schon öfters habe ich unter dem allerhöchsten Protektorat des heiligen Geistes was angefangen; da ich aber immer meinen eigenen Gang nehmen wollte und störrisch war, zeigte er – der heilige Geist, Wolfs Metapher für die Inspiration – mir auch endlich die Zungen und unter dem Schutze der Sancta simplicitas hab' ich glücklich mit einem Unsinn meine müßigen Heldentaten zu Ende geführt. Mein ganzes unsinniges Tun bestand eben im Nichtstun.[150]

Zweifel dieser Art, depressive Anfechtungen und die Misere eines schäbigen Bohème-Daseins bestimmen die Jahre bis 1887. Oberflächlich besehen stimmt es ganz zum Klischee. *Die Rezension,* schreibt der Vierundzwanzigjährige, nun Musikkritiker beim «Wiener Salonblatt», *habe ich nach einem Gelage bei Frau R., wo ich allein eine halbe Flasche Whisky getrunken und halb besoffen davon ward, in der Nacht von 2 Uhr früh bis in die Frühe hinein geschrieben. Daß unter solchen Voraussetzungen nichts Besonderes herausschauen konnte, wirst Du begreifen*[151]; nachmittags sitzt er im *Kaffeehause* und studiert *die Antike an den klassischen Physiognomien böhmischer Köchinnen und hanakischer Ammeln, die, die Freiheit des Feiertages benutzend, die Ringstraße zierten. Ach, was tut man nicht, wenn einen die Langeweile plagt.*[152] Der Glaube an die eigene Begabung wird überlagert von dem Bedürfnis, in den Tag hinein zu leben, weil sich das Talent doch als schwächer erwiesen hat, als es dem Siebzehn-, Achtzehnjährigen erschienen sein mochte. Er nimmt sich nun vor, *nur in der Gegenwart*[153] zu leben, statt sich für eine ungewisse Zukunft aufzureiben. Die immense, wenn auch qualitativ selten bedeutsame Produktivität der früheren Jahre (1875–83) kommt jäh zum Erliegen. 1884 entsteht ein Lied, 1885 keines, 1886 drei; von zwei größeren Kleist-Projekten bleibt eine *Schauspielmusik zu «Prinz Friedrich von Homburg»* schließlich in den Skizzen liegen; die symphonische Dichtung *Penthesilea* hat Wolf zeitweise aufgegeben, die Arbeit daran zieht sich über drei Jahre, 1883 bis 1885, hin. Die eigene Unsicherheit scheint Wolf durch drastisch-«genialisches» Auftreten überspielt zu haben; seiner Umwelt erschien er als eingebildetes Genie: «Sein Benehmen war meistens so grotesk, so wenig im Einklang mit der gegebenen Situation, daß ich mich manchmal des Gedankens nicht erwehren konnte – er spiele gern die kleine Komödie einer interessanten Verrücktheit»[154], schrieb eine seiner Musikschülerinnen über ihn. Was wirklich in ihm vorging, erhellt blitzartig eine Bemerkung aus dem Jahre 1890: *War mein Komponieren, ehe ich zur Selbständigkeit gelangen durfte, was anderes als ein langsamer, qualvoller Selbstmordversuch?*[155]

Obwohl *gehetzt und gepeitscht durch die elendesten Zufälligkeiten, wie sie halt alle aus einer Quelle aufsteigen: der Mooslosigkeit*[156], fand sich Wolf nicht bereit, einen Beruf zu ergreifen. Nur einmal, im November 1881, akzeptierte er eine feste Anstellung, den Posten des zweiten Kapellmeisters am Stadttheater Salzburg; man sah sich jedoch gezwungen, ihn bereits nach zwei Monaten wieder zu entlassen. Wie später beim Wiener *Penthesilea*-Probespiel betrachtete sich Wolf als Opfer geheimer Machenschaften, die er, unfreiwillig komisch, aber durchaus ernst gemeint, in der Öffentlichkeit anzuprangern gedachte. *Jetzt, wo alles gegen mich verschworen ... jetzt erst komme ich zum Bewußtsein. Muck* (der 1. Kapellmeister), *Direktor, Orchester, alles wütet. Aber ich blieb gleichgültig gegen ihr Toben ... Die Radialtaue des Spinnennetzes, worin mir die ganze*

Um 1892

Bande kleben soll, sind bereits gezogen ... Dann soll mir die Bande büßen,
was sie an mir verbrochen. Intrigen über Intrigen! Das Theater hier ist mehr
eine Intriganten- als Kunstschule. Ich werde es als solche – wenn der ge-
eignete Moment dazu gekommen – öffentlich Brand marken ... Wehe ...
dem Salzburger Theater, komme ich erst zum Atemschöpfen! Bereits
Mitte Januar 1882 gehörte Wolf *nicht mehr diesem Saustall an*[157] und fand

sich in der Freiheit wieder – einer Freiheit allerdings, zu der an dieser Stelle einiges bemerkt werden muß.

Hugo Wolf lebte seit seiner Ankunft in Wien im September 1875 von der geringen Unterstützung, die ihm sein Vater zukommen ließ, und von gelegentlichen schlecht bezahlten Klavierstunden. In einem Vorstadtlokal spielte er für 1½fl. von acht Uhr abends bis nach Mitternacht zum Tanz auf. Auf das Stundengeben blieb Wolf auch in Zeiten höchster Kompositionsanstrengung angewiesen. So unterbrach er die fieberhafte Arbeit an den *Mörike-Liedern* (1888) zweimal in der Woche, um einer Gräfin Klavierunterricht zu geben. Über seinen «Rang» ließ man ihn nicht im Unklaren: er gehörte zum Personal. *Mir armen Teufel möchten sie am liebsten am Domestikentische das Futter vorwerfen, besonders gerne dort, wo ich als Klavierlehrer hochbegabter Töchter zu schanzen verdammt bin. Und die Töchter sind immer hochbegabt, der Klavierlehrer aber stets ein Esel.*[158]

Die Existenz als «freier» Künstler war für Komponisten des 19. Jahrhunderts keineswegs die Regel; wer sie riskierte, wie Schubert, lief Gefahr, ohne Geld dazustehen, sobald seine Musik nicht mehr dem Zeitgeschmack entsprach. Nicht nur die Komponisten der ersten Romantikergeneration, Weber, Schumann, Mendelssohn und Wagner, sondern auch Wolfs Zeitgenossen Mahler, Reger, Strauss und Pfitzner verbrachten viele Jahre ihres Lebens in festen Stellungen, meist als Kapellmeister, seltener, wie Bruckner, als Theorielehrer. Den Verzicht auf eine solche Berufstätigkeit konnten sich (sieht man etwa von Brahms ab) nur wenige erfolgreiche Opernkomponisten leisten; und so ist es kein Zufall, daß der Traum vom Durchbruch mit der Oper für Wolf, wie für Schubert, zur fixen Idee wurde. Sein Entschluß, sich nicht durch ein zeitraubendes Amt vom Komponieren ablenken zu lassen (an dem er selbst in den sterilen «Wartezeiten» festgehalten hat!), war Ausdruck des (Selbst-)Bewußtseins, daß die eigene künstlerische Produktion wichtiger sei als irgendeine öffentliche Aufgabe. Es spiegelt sich in einer Bemerkung Wolfs aus dem Jahre 1895, als ihm sein großbürgerlicher Freundeskreis eine feste Jahresrente von 1500 Mark aussetzte: *Höchste Zeit, daß einem das einfällt. Eigentlich wär's ja verfluchte Pflicht und Schuldigkeit des Staates, seine Musiker und Dichter zu erhalten.*[159] *Offen gestanden ist mir Alles in der Welt egal, nur nicht meine Arbeit, für die ich ... einzig lebe.*[160] Wolf war von seiner Aufgabe besessen und verfolgte sie fanatisch – das gleiche erwartete er von seinen Freunden und von jedem Interpreten seiner Werke: sie sollten rückhaltlos für *die heilige Sache*[161] einstehen. Als Mensch hielt Wolf sich für unausstehlich, pflegte aber auch diesen Ruf: *Halten Sie sich, ich bitte, nur an das Geistige meiner Existenz, welches immerhin einiges Interesse beanspruchen darf, das übrige aber ist keinen Schuß Pulver wert. Wenn ich einmal nicht mehr komponieren kann, dann braucht sich niemand mehr um mich zu kümmern, dann soll man mich auf den Mist wer-*

fen, dann ist alles aus für mich.[162] Zum Komponieren gab es für Wolf keine lebenswerte Alternative; er hat, mit der großartigen Ausschließlichkeit seines höchst einseitigen Genies, versucht, sich alles vom Leib zu halten, was seine Konzentration auf sich selbst und die Arbeit beeinträchtigen konnte. Als Solist und Dirigent ist er nie aufgetreten, allenfalls als Begleiter seiner Lieder, meist in privaten Zirkeln oder Konzerten mit nichtöffentlichem Charakter (wie den internen Abenden des Wagner-Vereins in Wien). Nach dem kläglichen Salzburger Fiasko verspricht er zwar: *In Kürze, liebster Vater, sollen Sie schon Resultate erfahren, wie sich meine Zukunft anlassen wird*[163], doch im Freundeskreis läßt er durchblicken, ihm liege *aufrichtig gestanden Wien ... so am Herzen,* daß *ich eine Kapellmeisterei nicht mit Eifer anstrebe*[164]. Statt dessen hat Wolf versucht, unabhängig zu bleiben und als «freier» Komponist im bürgerlichen Musikleben Fuß zu fassen. Damit ist er, genaugenommen, gescheitert, denn das Geld, das er durch seine Werke – und das waren eben *«nur» Lieder*[165] – einnahm, reichte niemals zum Leben. Noch der Komponist der *Mörike-, Eichendorff-, Keller-* und *Goethe-Lieder* sowie des *Spanischen Liederbuchs* mußte seine Mutter um eine *Beisteuer* zu den *Druckkosten* bitten, weil er *über diese Auslage einigermaßen in Schulden geraten*[166] war.

Hugo Wolfs rund drei Jahre während musikjournalistische Tätigkeit bedeutete für ihn in einer relativ inspirationsarmen Phase – im Vergleich mit einer *Kapellmeisterei*[167] – das kleinere Übel. Der Entscheidung, als Musikreferent in die Redaktion des «Wiener Salonblatts», eines «den gemeinsamen Angelegenheiten der Aristokratie und des Balletts dienenden Schmutzblättchens» (Karl Kraus[168]) einzutreten, ging ein psychisches Tief in der zweiten Jahreshälfte 1883 voraus. Wolf hatte am 6. April 1883 bei einer Begegnung mit seinem vergötterten Idol Franz Liszt *einige Lieder von mir vorgespielt, die ihm sehr gefielen, so daß er mich umarmt und auf die Stirn geküßt hat. Er war sehr liebenswürdig und heiter und sprach die Hoffnung aus, von mir bald ein größeres Werk zu hören!*[169] *Ich verfüge nur über ein Buch, das ich schon besser kenne als meine Musik dazu: die Penthesilea.*[170] Heinrich von Kleists Trauerspiel von der Deformation einer Liebe, die ihre Erfüllung nur noch in der sadistischen Erniedrigung des Gegners sehen kann, *die wahrste, aber zugleich grausamste Tragödie, die je einem Dichterhirn entsprungen*[171], zog Wolf mächtig an. Sein Gefühlsleben wurde – nach dem Zeugnis von Hermann Bahr – durch die Lektüre bis zur Exaltation hochgetrieben. «Er schwärmte für sie, seine Hände zitterten, wenn er nur ein paar Verse daraus las, sein Auge leuchtete und wie im Anblick einer höheren und helleren Region, deren Tore

Hugo Wolf (am Flügel) im Kreis des Wiener Akademischen Wagner-Vereins

plötzlich vor ihm aufgesprungen waren, schien er wie verklärt, er schnappte nach Luft, sprang davon, um es abzuschütteln, und im Gebüsche hörte ich ihn vor Freude stöhnen und wiehern.»[172] In der zweiten Jahreshälfte 1883 schrieb Wolf kein Lied mehr, aber er verzweifelte beinahe vor der Aufgabe, eine Programmsymphonie oder symphonische Dichtung nach Lisztschem Muster zu schreiben. Für seine Frustration machte er das Wetter verantwortlich. *Bei Regenwetter im Zimmer zu sitzen, macht mich melancholisch; der Melancholie auszuweichen, stürzt ich mich ... in ein Meer von Langeweile; die Folge ist, daß ich in einen Strudel innerer Wut gerate und mich und alle zum Teufel wünsche.*[173] Wolf muß damals ein zerfahrener, unbefriedigter und auch unleidlicher Mensch gewesen sein. Im Umgang mit ihm war stets seine latente Angst, ausgenutzt und hintergangen zu werden, spürbar. *Ja, ich bin sehr mißtrauisch, aber wer so viele arge Enttäuschungen erlebt, wer so viel von schreiendstem Verrat, Undank und Niederträchtigkeiten, so einem begegnen, erzählen kann, muß schließlich mißtrauisch werden.*[174] Briefe aus den Jahren vor 1888 verraten eine panische Angst, menschliche Bindungen einzugehen. Hugo Wolf selbst bemerkte eine sonderbare Quälsucht an sich: *Ich weiß nun sicher, daß mein Los ist, alle die zu kränken, die mich lieben und die ich liebe. Es ist leider nicht das erste Mal, daß ich in einem solchen Seelenzustand mich befinde, und das ist eben das traurige. Dadurch habe ich die Überzeugung gewonnen, daß meine Gemütsbeschaffenheit eine durchaus kranke ist und bleiben wird.*[175] Seine jäh aufflackernde Gehässigkeit beschrieb er als Resultat unbewußter Einflüsterungen, *die in einem merkwürdigen Zusammenhange mit meiner Willenskraft stehen:* er sei *nicht frei*, sondern vom *Teufel besessen.*[176] Vor allem war es das Bewußtsein der finanziellen Abhängigkeit zumal von jenen Freunden, mit denen er zeitweise die Wohnung teilte, das ihn zu solchen Ausfällen provozierte – er mußte sich selbst und anderen beweisen, daß er von niemandem abhängig war. Stets fand er Mittel und Wege, sich seine Gönner von einem bestimmten Punkt an vom Leib zu halten, sei es durch Flucht, sei es durch Affront. Es war ihm unerträglich, von einem Gastgeber abhängig zu sein, *meine armselige Freiheit – aber doch Freiheit – gegen das Vergnügen, goldene Fesseln tragen zu können, einzutauschen. Ob diese Fesseln aus echtem Gold sind, weiß ich just auch nicht so sicher – ich muß ja selbst um die Sklaverei würfeln; fürwahr! ein beneidenswertes Los! O ich werde noch die Menschheit verachten lernen, und mit gutem Grund! Lug und Trug, Schmutzerei, Falschheit, Eigennutz, Bosheit, Borniertheit, Brotneid, gegen die selbst der Teufel nicht aufkommen kann, erweisen sich als meine lieben, wohlwollenden, hilfreichen, aufopfernden Freunde. Wären es noch offene Gegner, da könnte man dreinschlagen, aber so!*[177] Wolf empfand es als wahre Befreiung, als er, sechsunddreißigjährig, eine Wohnung beziehen konnte, deren Zugang so abgeschlossen war, *daß ich mit keinem fremden Menschen in Berührung zu kommen brauche*[178]. *Endlich darf ich für mich allein sein, darf walten und schalten ganz nach meinem Belieben. Das Gefühl dieser absoluten Freiheit und Unabhängigkeit berauscht mich förmlich. Ich möchte vor Entzücken darüber laut aufschreien.*[179]

Als Wolf im Januar 1884 das Amt eines Konzert- und Opernrezensenten am «Salonblatt» antrat, war seine Bindung an Wagner enger als je zuvor, trotz der Erfolglosigkeit seiner bis 1882 unternommenen Versu-

Das Studierzimmer, Wien, Schwindgasse 3^{IV} ...

che, ein zweites Mal zu seinem Idol vorzudringen, und vielleicht gerade wegen der Enttäuschungen der vorangegangenen Jahre: der menschlichen von 1881, der künstlerischen von 1883. Verstört und verunsichert hatte er im Sommer 1881 einen Halt in Wagners Ideologie gesucht, die ihm wenigstens eine Erklärung für alle Übel der Welt bot. Was Schopenhauers pessimistische Metaphysik der Geschlechtsliebe zum allgemeinen Gesetz erklärte, brauchte er sich nicht als persönliches Versagen anzulasten. Tristan und Isolde, die nicht zu lieben vermögen oder nicht zu lieben wagen, weil sie, nach der treffenden Bemerkung von Egon Voss, «zuviel Schopenhauer gelesen haben» [180] – in diesen Gestalten fand Wolf die eigene Erfahrung wieder: daß Liebe nicht Glück, sondern Verhängnis, «furchtbare Qual» bedeute. Den Weg aus allem Unglück hatte Wagner in einer Abhandlung gewiesen, die bereits im Oktober 1880 in den «Bayreuther Blättern» erschienen war: der Aufsatz, «Religion und Kunst» betitelt, propagierte den Vegetarismus und forderte von jedem wahrhaften Jünger des Meisters «die Befolgung dieser Lehre als ein religiöses Reinigungsmittel von Sünde und Elend» [181]. Wolf bekehrte sich erst unter dem Eindruck der persönlichen Katastrophe, als die er die Trennung von Vally

Franck empfand, dann aber restlos zu den Glaubensartikeln des Wagnerismus. Die ersten Attacken gegen Brahms (dessen Herabsetzung keineswegs Geschmackssache, vielmehr eherner Grundsatz neudeutscher Musikpolitik war) finden sich in einem Brief Wolfs vom 11. Juni 1881, antisemitische Anspielungen in Briefen von 10. und 15. Juni; daß Wolf in diesem Sommer auch Vegetarier wurde, ist einem Brief vom 3. August zu entnehmen. Die merkwürdige Tatsache, daß er unmittelbar nach dem Tod des Meisters im Februar 1883 wieder begann, Fleisch zu essen, läßt die Vermutung, er habe den lebenden Wagner als allgegenwärtige Aufsichtsperson empfunden, durchaus plausibel erscheinen. Im Sommer 1882 und 1883 *offenbarte* sich Wolf in Bayreuth *Wagners Riesengröße in seiner gewaltigsten Tat*[182]: *Parsifal ist wohl das weitaus Schönste und Erhabenste auf dem Gebiete der Kunst überhaupt. Mein ganzes Wesen taumelt in der idealen Welt dieses Wunderwerkes wie in einem seligen Rausche immer entzückter, beseligter.*[183]

«Der Antisemitismus, seit Wagners ‹Judentum in der Musik› eines der zehn Gebote für seine Anhänger, verbreitete sich nach dem Parsifal natürlich noch heftiger und allgemeiner»[184], notierte der Wiener Ästhetiker

51

Eduard Hanslick in seiner Autobiographie. Obwohl von Juden wie
Adalbert von Goldschmidt und der begüterten Industriellenfamilie Eckstein gefördert, wurde Wolf dezidierter Antisemit; auch Wagner hatte
sein Antisemitismus bekanntlich nicht daran gehindert, jüdische Bewun-
derer wie Joseph Rubinstein, Angelo Neumann und Hermann Levi zu

Handschrift eines Briefs an Friedrich Eckstein:
«In aller Eile: schicken Sie mir umgehend 26 fl. ...»

akzeptieren und – auszunutzen. Hugo Wolfs Verhältnis zu dem Fabrikantensohn Friedrich Eckstein scheint ähnlich gewesen zu sein. Die Villa der Ecksteins benutzte er zwar gratis, wann immer es ihm gelegen kam; gegenüber Dritten mokierte er sich jedoch über *gewisse spezifische Rasseneigentümlichkeiten*, insbesondere *das fürchterliche Gemauschel der Fami-*

Johannes Brahms

lie, das *auf die Dauer unerträglich* sei, und über ihr rassisch bedingtes Aussehen, das einem feineren *ästhetischen Sinne* kaum *zusagen*[185] könne. Über den spendablen Goldschmidt höhnte Wolf: *Sein neuestes Bestreben ist, «volkstümlich» zu sein. Ein Jude und volkstümlich!*[186] In einer Zeit, in der sich der Antisemitismus bekanntlich nicht zu verstecken brauchte, machte auch der Rezensent Wolf aus seinen Gesinnungen kein Hehl. Nach seiner Ansicht war es der jüdische Teil des Wiener Publikums, der die deutsche Kunst durch lautstarke Mißfallenskundgebungen aus den Konzertsälen und der Oper zu vertreiben suchte: ... *da bekanntlich die semitischen Zischlaute von altersher schon dem «auserwählten» Volke im Kampf mit seinen Nachbarn als «Schiboleth» dienten, so war es unschwer zu erraten, wer sich in diesen oppositionellen Mißtönen so nachdrücklichst «zum Erkennen gegeben».*[187] Die Nachwelt, die es sich herausnimmt, Künstlern solche Dummheiten entweder übelzunehmen oder durchgehen zu lassen, kann indessen gerechterweise nur konstatieren, daß sie für die Beurteilung von Wolfs Werk irrelevant, als Dokumente seiner Wagner-Hörigkeit hingegen von einigem biographischen Interesse sind. Dies gilt auch für seine häufig geradezu infamen Rezensionen Brahmsscher Werke.

Am widerlichsten berührten Wolf *die Leimsiedereien, diese ekelhaft schalen, im Grunde verlogenen und verdrehten Symphonien von Brahms*[188], die in ihrer *schauderhaften Monotonie*, ihrem *schmalen Melodienhäcksel, den verkrüppelten Rhythmen und dürren Harmonien ... die Sprache der intensivsten musikalischen Impotenz*[189] redeten. Auch die diversen *Brahms'schen Totengräberlieder*[190], die «Tragische Ouvertüre» (*das Stammeln und Faseln des komponierenden Macbeth*[191]), das d-moll-Klavierkonzert (*Ungesundes Zeug*[192]), die F-Dur-Cellosonate (*dieses Tohuwabohu*[193]) und das Violinkonzert (*ein ganz widerwärtiges Stück ... voll Platitüden und nichtssagendem Tiefsinn*[194]) betrachtete er als *auf der Folterbank gezeugte Produkte*[195], deren öffentliche Aufführung *eigentlich von der Polizei aus verboten sein*[196] sollte. Schon Wagner hatte Brahms in geradezu unflätiger Weise («Kunsteunuch»[197]) tituliert, ihm «Betrug», «Fälschung» und «Geldgier»[198] vorgeworfen und mit dem Wort vom «jüdischen Czardasaufspieler»[199] antisemitische Vorurteile gegen ihn mobilisiert. Gerade in Wien fiel dieser Versuch, Brahms als Juden oder Judenfreund (Wagner hielt – wohl irrtümlich – Hanslick für einen Juden) zu denunzieren, auf fruchtbaren Boden; die «satirische» Zeitschrift «Kikeriki» amüsierte ihre Leser noch in Brahms' letztem Lebensjahr damit, den Namen «Brahms» auf eine semitische Herkunft hin in «Abrahams»[200] umzudeuten. So bezeichnet Wolfs Polemik den Ton des Parteienstreits zwischen Wagnerianern und Brahminen während der Jahre nach 1870 und 1880 in durchaus typischer Weise. Selbst wo kunsttheoretische Positionen aufgefahren wurden, waren sie nicht mehr als aufgeblähte Parolen, konstruiert, um den musikpolitischen Gegner bloßzustellen, so immer dann, wenn die Neudeutschen sich gegen Brahms auf den «Einfall» als zentrale ästhetische Kategorie beriefen. Zweifellos war Brahms der Ansicht, die Ausarbeitung des Einfalls, und nicht bereits der Einfall selber, sei das Wesentliche in einer Komposition von größerer Ausdehnung.[201] Diese Auffassung deutete bereits Wagner dahingehend um, Brahms erfinde gar nicht, er konstruiere nur[202] – und Wolf reproduzierte es hämisch: *Die Kunst, ohne Einfälle zu komponieren, hat entschieden in Brahms ihren würdigsten Vertreter gefunden. Ganz wie der liebe Gott versteht auch Herr Brahms sich auf das Kunststück, aus nichts etwas zu machen.*[203] Für bewußte kompositorische Ökonomie hatte Wolf kein Verständnis, sie galt ihm als Eingeständnis von Einfallslosigkeit. *Heutzutage ... gilt es nur als Klugheit, wenn man als berühmter Symphoniker mit einer gar verschämten Melodie – dahinter sich die eigentliche Unverschämtheit birgt – eine ganze Symphonie hindurchwuchert.*[204] Die Tarnung des Einfallslosen, so hatte Wagner gegen Brahms ausgeführt, sei die Flucht in die Stilmaskerade: Er habe sich die «Halleluja-Perücke Händels» über den Kopf gezogen, getreu dem Grundsatz «Je langweiliger ihr seid, desto abstechender wählt die Maske: das amüsiert wieder!»[205]. Wolf paraphrasierte diese Stelle aus dem Aufsatz «Über das Dichten und Komponieren», als er schrieb, daß *die Klassizität bei Brahms zum Deckmantel seiner schöpferischen Unfähigkeit dient; ich meine die Händelsche Maske*[206], und, über das «Triumphlied»: *Ein Händelscher Maskenscherz, leider etwas langweilig, wie alle Brahms'schen Maskeraden.*[207] Ihre moralische Sanktion bezog Wolfs Verdikt über *die Öde des Brahm'schen Chaos*[208] aus dem selbstgewissen Anspruch, den Fortschritt und damit auch schon alles Recht der Welt auf der eigenen Seite zu haben. Er selbst nannte sich einen *Menschen, der für Recht und Wahrheit einsteht und gegen die Lüge zu Felde zieht*[209]. Hugo Wolf fühlte sich als Rechtsvollstrecker gegenüber einem Komponisten, der *blind war oder sich blind stellte, als der erstaunten Menschheit die Augen vor dem strahlenden Genie Wagners auf- und übergingen, als Wagner, gleich Napoleon, von den Wogen der Revolution getragen, dieselben durch sein Machtgebot in neue Bahnen lenkte.* Weil Brahms sich nicht der neudeutschen Richtung angepaßt habe, sei sein Werk *nur ein Überbleibsel uralter Reste* und er selbst ohne jede Funktion für den musikgeschichtlichen Fortschritt, *kein lebendiges Glied in dem großen Strom der Zeit,* womit sich jede weitere Diskussion über die Qualitäten seiner Musik erübrige. Hugo Wolf lobte hämisch, Brahms sei zwar *ein tüchtiger Musiker, der sich auf seinen Kontrapunkt versteht,* aber er übe *als solcher auf die Entwicklung der Kunstgeschichte etwa einen Einfluß aus wie der verstorbene Robert Volkmann, d. h. er hat für die Kunstgeschichte ebenso wenig Bedeutung als Volkmann, also auch keinen Einfluß auf dieselbe*[210]. Als hoffnungslos altmodisch galt Brahms den Neudeutschen als Vertreter der von Wagner in der großen theoretischen Abhandlung «Oper und Drama» verworfenen «absoluten Musik»: um nicht haltlos und nichtssagend zu sein, bedürfe Musik eines außermusikalischen Formmotivs. Der Mangel eines solchen literarischen oder emotionalen Motivs sei der Grund, weshalb der Hörer von Brahms' Musik *ziemlich kalt gelassen* oder *geradezu abgestoßen*[211] werde. Sie sei *auf dem Gefrierpunkt der Phantasie und Empfindung angelangt*[212], bloße Form ohne poetischen Inhalt; *jeder warme Herzenslaut* werde, *noch ehe er erklingen kann*[213], unterdrückt. Wolf war von der universellen Existenz eines außermusikalischen Formmotivs – im Sinne des «Poetischen» (Schumann) oder des handfest Programmatischen (Liszt) – in den Meisterwerken der Tonkunst so überzeugt, daß er sich bemühte, es auch da verbal zu fixieren, wo der Komponist dies versäumte, wie zum Beispiel Schubert in seinem Oktett. In Wolfs Inhaltsangabe heißt es unter anderem: *In der Einleitung zum letzten Satz dünkte es uns, als zöge ein fernes Gewitter heran. Man hört das Grollen des Donners, Blitze durchzucken die Nacht; es ist, als ob der Tondichter den Vorhang vor dem Fenster seines Feenstübchens lüftete, die em-*

pörten Elemente zu belauschen. Aber kein Schatten soll heute in sein heiteres Gemüt fallen. Er verschließt dieses finstere Bild, und, den begeisterten Blick nach innen gerichtet, durchströmt himmlische Seligkeit sein Herz, und eine Welt voll Liebe und Güte verklärt sich in seinen aus tiefster Brust hervorquellenden Melodien.[214] Eine solche, von Trivialitäten keineswegs freie Hermeneutik konnte sich auf die von Liszt in seiner Abhandlung «Berlioz und seine Harold-Symphonie» aufgestellten Dogmen einer forcierten Ausdrucksästhetik berufen. An Liszts Programmsymphonik rühmte Wolf, daß der Komponist seine Eingebungen nicht rein musikalisch organisiere, sondern mit zwingender Notwendigkeit die musikalische Form von dem Inhalt der dichterischen Vorlage abhängen zu lassen sich veranlaßt fand. Der Inhalt der dichterischen Idee war also nicht wie bei Berlioz nur auf den musikalischen Gehalt, sondern ... auch auf die Form von bestimmendem Einfluß.[215] Daß Wolf sich von der neudeutschen Literarisierung der Musik angezogen fühlte, ist kein Zufall, sondern Resultat seiner in hohem Maße von poetischer Imagination beherrschten inneren Organisation: er besaß keine absolut-musikalische Phantasie, sondern eine, die stets von Bildern oder Texten angeregt werden mußte. Schon 1883/84 beobachtete Hermann Bahr: «Er hatte immer irgendein Buch bei sich. Aus sich selbst, schien es, konnte er in keine Stimmung geraten; sie mußte ihm immer erst angeschlagen werden.»[216] Hugo Wolfs gesamtes Denken kreiste um die Idee der innigen Verschmelzung von Poesie und Musik[217]; bei Nur-Musikern, die sich mit seinen Werken auseinanderzusetzen suchten, gewann er stets den Eindruck, daß ich nicht verstanden wurde, daß man zu sehr mit dem Musikalischen sich beschäftigte und darüber das Neue und Eigenartige meiner musikalisch-dichterischen Auffassung vergaß. Immer und immer nur Musikantengewäsche![218] Musik, die nicht primär einem Ausdrucksbedürfnis entsprach, war Wolf verhaßt. Es ist das gewandte Spiel mit der Technik und nicht das Bedürfnis, einen musikalischen Gedanken auszusprechen, das unsere modernen Komponisten verleitet, Kammermusik zu schreiben, bemängelte er. Verzwickte Umkehrungen, regelrechte Engführungen, allenfalls ein neckisches Fugato oder gar eine Fuge! So etwas flößt dem Publikum Schrecken und Achtung ein; zwei, drei oder vier Themen – wenns nicht anders mehr geht – aufeinandergestapelt, auseinandergesprengt, wieder herangestürmt und wiederum fortgehetzt![219]

In einer Zeit, wo fortwährend Symphonien, Suiten, Serenaden und dergleichen Zeugs mehr aus dem unfruchtbaren Boden der absoluten Musik emporwuchern, wurde Wolf nicht müde, gegen die impotenten Symphonienschreiber der Gegenwart[220] zu polemisieren und auf den Leuchtturm über den Sandbänken des absoluten Musikgeräusches, Liszts symphonische Dichtungen und Wagners «Faust»-Ouvertüre, diese bedeutendste Schöpfung der Nach-Beethovenschen Musikperiode, zu weisen: Wer nicht stranden will, sehe nach diesem Licht![221] Die Möglichkeiten der Instrumentalmusik ohne Programm seien erschöpft; apodiktisch erklärte Wolf: *Beethoven, als absoluter Musiker, hat in der Symphonie das letzte Wort gesprochen.*[222] Das Phänomen Bruckner ließ sich mit diesem (1850 von Wagner in seiner Abhandlung «Das Kunstwerk der Zukunft»[223] verkündeten) Dogma nur nach einigen Verrenkungen vereinbaren. Hugo Wolf zählte *Bruckner* zu den *verunglückten Genies* und warf ihm vor, sich die *neuen Errungenschaften, wie sie in den symphonischen Dichtungen Franz Liszts ihren vollkommensten Ausdruck gefunden,* nur halbherzig zu eigen gemacht zu haben. *Das ist sein Unglück.* Aus *Mangel an Intelligenz* und literarischer *Bildung* sympathisiere *Bruckner* noch mit der veralteten absoluten Musik und verzichte darauf, detaillierte Programme zu seinen Kompositionen anzugeben; deshalb sei er nicht *zu einer an die Bedeutung Liszts hinanreichenden Größe gewachsen.*[224] Daß Wolf diese Ansicht im Laufe der Jahre änderte, hängt mit der Revision seiner Auffassungen über das Verhältnis von Inhalt und Form und einer zunehmenden Skepsis gegenüber der deskriptiven Programmusik der Neudeutschen Schule zusammen. Anfang der neunziger Jahre kühlte Wolfs Liszt-Begeisterung merklich ab[225]; in *Bruckner* sah er nun den *Beweis, daß man … in der absoluten Musik noch Unerhörtes zutage fördern*[226] könne, und zugleich den einzigen zeitgenössischen Komponisten, den er neben sich gelten ließ. Im Mai 1890 schrieb Wolf an Hermann Bahr: *Sie können es auf Treu und Glauben hinnehmen und brauchen mich deshalb noch nicht für einen arroganten Bengel zu halten, wenn ich behaupte, daß unter den lebenden Komponisten nur zwei der Ehre, in der «Freien Bühne» besprochen zu werden, würdig sind, und diese zwei heißen Anton Bruckner und Hugo Wolf.*[227] Ein explizites Programm erschien ihm nun als Reduktion der Musik auf das allzu Sagbare, der Gehalt großer Musik liege ungleich tiefer: *Das sind alles Töne aus anderen Welten, abgrundtiefe Mysterien, die man wohl schaudernd ahnen, aber niemals enträtseln wird. Bruckner ist die leibhaftige Sphinx, deshalb auch der gewaltige Zauber, den er auf den forschenden Adepten ausübt.*[228] Als Wolf 1896 gebeten wurde, das Vor- und Zwischenspiel seiner Oper *Der Corregidor* mit einer Erläuterung ihres «Inhalts» für eine Konzertaufführung einzusenden, empörte er sich über diese Zumutung: *Mit einer Erläuterung des Vorspiels bitte mich zu verschonen. Wenn die Leute von der Musik als solcher an sich nicht gepackt werden, hilft ihnen auch ein Programm nicht. Ich hasse alle Programme und verlasse mich ganz auf die Wirkung der Musik. Mag sich dann jeder dazu denken, was er will.*[229] Lesen sich diese Sätze wie ein Plädoyer für die ehemals so verachtete *absolute Musik*, so hat Wolf diesen Terminus tatsächlich später im Zusammenhang mit dem zweiten Band seines *Italienischen Liederbuchs* gebraucht: man könne sie losgelöst vom Text von einem Streichquartett spielen lassen, so rund und vollendet sei die Form.[230] Nach diesem Sinneswandel wollte Wolf auch mit der neudeutschen Richtung, vor allem den Programmsymphonikern der Liszt-Nach-

Anton Bruckner

folge nichts mehr zu tun haben. Über Richard Strauss und Felix Weingartner, *diese armen Teufel,* höhnte er: *Diese beiden Herren haben das Programm allerdings sehr nötig. Ohne ein solches würden sie mit ihrer Musik allein schwerlich zu Worte kommen. Weingartner zumal enthüllt sich in seinem Programm ja ganz als «Neu-Gerichteter».*[231]

Hugo Wolfs einziger Versuch im Genre literarischer Programmusik, die dreisätzige symphonische Dichtung *Penthesilea, stammt sozusagen aus meiner Sturm- und Drangperiode und steht im Gräßlichen gewiß nicht hinter dem Stoffe zurück; ob* sie *aber auch an die furchtbare Schönheit der Poesie heranreicht, lasse ich dahingestellt*[232]. Wolf neigte in späteren Jahren dazu, diesen Versuch als mißlungen zu betrachten. *Ich kann nur wiederholen . . . daß ich die Musik zur Penthesilea nicht für vollwertig erachte, daß mir also eine Aufführung derselben durchaus nicht erwünscht sein kann,* schrieb er 1894. *Es hieße gegen mein eigen Fleisch und Blut wüten, wollte ich meine Zustimmung zu einer Aufführung besagten Stückes geben.*[233]

Joseph von Eichendorff. Zeichnung von Franz Kugler

Hugo Wolfs *Penthesilea* war am 15. Oktober 1886 in einer Novitätenprobe der Wiener Philharmoniker unter Leitung von Hans Richter zum erstenmal, und zwar prima vista, durchgespielt worden. *Meine Penthesilea? Nein; die Penthesilea eines Wahnsinnigen, Trottelhaften, eines Spaßmachers und was Ihr sonst wollt, aber meine Penthesilea war das nicht.*[234] (Es ist bekannt, daß Wolf selbst auf kleine Inkorrektheiten in gründlich einstudierten Aufführungen mit Wutanfällen reagierte, die von Außenstehenden als Symptome der Epilepsie mißdeutet wurden.[235]) *Ich bin geladen wie eine Dynamitbombe, und wehe denen, die meinem Grimme verfallen sind! Was liegt jetzt an mir, wenn ich auch selbst mit in die Luft fliege! weiß ich doch, daß mein Geschoß alle die, die mich so schwer gereizt, zum Teufel befördert; sie sollen in Höllenschwefel geröstet werden und in Dra chengift getaucht – ich hab' es ihnen geschworen.* Hugo Wolf war entschlossen, Richter zu einem Duell herauszufordern. *Den Bemühungen meiner anwesenden Freunde gelang es, mich von der Nutzlosigkeit eines solchen Schrittes zu überzeugen und mich von diesem Vorhaben abzubringen. Jetzt sammle ich Daten zu einer Broschüre, die das Gebaren* der Philharmoniker *beleuchten wird, daß sie das Licht der Welt verfluchen werden, Nachteulen und Fledermäuse um ihre lichtscheue Existenz beneidend.*[236] An Stelle des angekündigten Pamphlets erschien eine ganze Serie von Schmähartikeln Wolfs im «Salonblatt». Hatte er Hans Richter vor dem 15. Oktober mit Attributen wie *genial, unvergleichlich*[237], *trefflich*[238], *eminent*[239], *Dirigentengenie*[240] überhäuft und ihm *eine Feinfühligkeit* nachgerühmt, *die ohnegleichen dastehen dürfte*[241], so titulierte er ihn nun als *verstockten Taktschläger*[242], dessen *Servilismus* das Wiener Konzertleben ruiniert habe – *und so sind wir denn glücklich in den Sumpf geraten, dessen faule Dünste unser neuester Jubelgreis mit so viel Anstand und Behagen als verjüngendes Lebenselixier einzusaugen versteht*[243]. Hugo Wolf war, wie in vielem anderen, auch in seiner Rachsucht maßlos.

Nach dem *Penthesilea*-Debakel geriet Wolf erneut in ein psychisches Tief; erst im Frühjahr 1887 fand er an der Lyrik Joseph von Eichendorffs aus der depressiven Stimmungslage heraus und musikalisch zu sich selbst. Im Gegensatz zu Schumann hat Wolf jene Eichendorff-Gedichte, die Ab-

Silhouette zu Wolfs Eichendorff-Lied «Der Glücksritter» von Rolf Winkler

gründiges evozieren, eher gemieden; diese poetische Welt verband sich für ihn mit den Erschütterungen von 1881, dem Jahr des geistlichen Chorzyklus. Nicht der einsame Wanderer in der Fremde interessierte ihn jetzt an dem Dichter, sondern die vitalen Gestalten, der leichtfertige Liebhaber (*Der Soldat I*), die bezaubernde Kraft der Natur (*Nachtzauber*) und der Frau (*Die Kleine, Waldmädchen, Die Zigeunerin*). In diese Atmosphäre gehört auch die zwischen dem 2. und 4. Mai komponierte *Italienische Serenade* für Streichquartett, deren (von Wolf verschwiegenen) literarischen Hintergrund – wie Eric Sams[244] nachgewiesen hat – Eichendorffs Erzählung «Aus dem Leben eines Taugenichts» abgibt. In dem affektgeladenen *Rezitativ* des Cellos (Takt 303f) parodiert Wolf überdies die emotionalen Ausbrüche im Kopfsatz seines *d-moll-Quartetts* von 1879 – eine sanft-ironische Abrechnung mit der eigenen Vergangenheit.

Im studentenhaft-saloppen Humor Eichendorffs sah Wolf *den begrenzten Horizont der krankhaft in sich eingesponnenen Romantiker* überwunden; die Romantik (der er selber kaum ohne Rest zugerechnet werden kann) war für ihn nicht mehr «an der Zeit»: *die einseitig romantische Richtung hat sich überlebt*[245]. Hugo Wolf betonte, daß *übereinstimmend mit unserer mehr realistischen Kunstauffassung das romantische Element in meinen Eichendorff-Liedern fast ganz zurücktritt, hingegen der Komponist mit Vorliebe der keck humoristischen, derb sinnlichen Seite des Dichters, als welche so ziemlich unbekannt, sich zuwendet und ihr einige gelungene Züge ablauscht.*[246] Was «Realismus», im Unterschied zu «Romantik», hier meint, ist den neunzehn von Wolf seit 1886 gewählten Eichendorff-Gedichten unschwer zu entnehmen: in ihnen geht es primär um Charaktere, nicht um Gefühle. Es sind (mit vier Ausnahmen) handlungsgeprägt-balladeske Rollengedichte, deren Inhalt durch eine szenisch vorstellbare Person vermittelt wird. *Im Gegensatze zu dem mystischen Nebel der Romantiker* suchte Wolf die *nüchterne Erscheinungswelt der Wirklichkeit* ins Zentrum zu rücken; er wollte nicht die Emotionen, die ein Gedicht in ihm auslöste, musikalisieren, sondern sich *in die dramatische Situation* dessen *versetzen*[247], der im Gedicht redet, gleichsam für einen Moment seine Rolle spielen. *Der närrischen Zigeunerin*[248] legte er, der sonst Eingriffe in den Text penibel vermied, die direkte Rede eines mehrfachen *Ha ha ha* und *La la la* in den Mund, um ihr leibhaftiges Sprechen und Agieren zu unterstreichen. Hierin unterscheiden sich Wolfs *Eichendorff-Lieder* von Schumanns op. 39: Sie sind einer auftretenden Person auf den Leib geschrieben, sie setzen Schauplatz und Situation voraus.

Die Eigenart Wolfs, das lyrische Ich als Darsteller auf einer imaginären Bühne erscheinen zu lassen, hat schaffenspsychologisch einen sehr persönlichen Grund: Das Hören wie auch das Komponieren von Musik war bei ihm mit einer ganz ungewöhnlichen, und zwar primär visuellen Phantasietätigkeit verbunden. Nach *den ersten vier Takten* eines Ritornells mit Oboensolo von Gluck war *das Bild der wahrhaften Iphigenia* seinem *gei-*

stigen Auge bemerkbar.[249] Nach Beethovens «Coriolan»-Ouvertüre *starrt das Auge trunken vor sich hin, wie in einen Zauberspiegel, darin der riesenhafte Schatten Coriolans langsam dem Blicke entschwebt*[250]. Beim Verklingen von Berlioz' Ouvertüre «König Lear» erwacht Wolf *aus einem schweren wüsten Traume,* der ihn *über schwarze Abgründe, über Wüsten und Urwälder, über Vulkane und Eisberge, wohl auch im raschen Flug über üppige Blumengärten getragen,* er fühlt sich *matt und erschöpft,* empfindet *kein Verlangen, weitere Musik zu hören.*[251] Selbst Brahms' F-Dur-Quintett inspirierte seine visuelle Imagination. *Die Phantasie des Komponisten schwelgt nur so in pittoresken Bildern.* Den Höreindruck des 1. Satzes gibt er als *zauberhaftes Smaragdgrün*[252] wieder. Nach der Komposition von *Auf ein altes Bild* (Mörike) schreibt er: *Es flimmert mir alles grün vor den Augen.*[253] Konkrete gegenständlich-szenische Schilderungen hat Wolf von *Weylas Gesang* und *Cophtisches Lied II* gegeben.[254] Im zweiten Satz von Brahms' op. 88 *blitzt und funkelt es*[255] in seiner Phantasie. *In ihrer graziösen Erscheinung* – schreibt er ein andermal – *haben Musik und Plastik ein inniges Bündnis geschlossen; jede Bewegung atmete warmes, blühendes Leben.*[256] Der Unbefangene glaubt, es sei die Rede von einer Ballerina, Wolfs Feststellung bezieht sich jedoch auf eine Geigerin. *Das tanzte, flimmerte und tollte durcheinander*[257] – so beschreibt er ihr Violinspiel. Enthusiastisch äußerte er sich nach der Uraufführung seines *Elfenliedes* (Shakespeare) über die Kongruenz seiner Farbvorstellung mit der tatsächlich erzielten Wirkung: *Das glitzerte und funkelte nur so in Mondscheinstrahlen, daß man vor lauter Sehen das Hören vergessen mochte.*[258]

Nachtzauber zählt zu den wenigen von Wolf gewählten Eichendorff-Gedichten, die man ohne Zögern «romantisch» nennen möchte. Wolf geht jedoch gerade an diesem Gedicht ein ganz neuer Ton auf. Der getroffene Ausdruckscharakter wäre eher «objektiv» denn «subjektiv» zu nennen: Wolfs Musik sucht nicht, wie die Schuberts in der «Schönen Müllerin», das Gegenüber im Fließen des Wassers (das dann menschliche Züge gewinnt), sondern etwas wie die rätselhafte Stimme des Elementes selber, seine eigene Aura zu fassen. Das dreitönige 16tel-Motiv, das gleich zu

Beginn in der rechten Hand erscheint, beherrscht dynamisch verhalten (*p, pp, ppp*) die ganze Komposition. Wie ein Schleier legt es sich um die Melodiekontur; technisch geschieht das, indem es unaufhörlich chromatische Nebennoten zwischen die Akkordtöne webt. Erst allmählich klären sich die harmonischen Beziehungen in Richtung auf die Fis-Dur-Tonika: sie werden jedoch im Verlauf des Liedes immer wieder von Durchgangs-tönen in der rechten Klavierhand und Dissonanzen zwischen Gesang, in-strumentaler Oberstimme und Baß verwischt. Nicht zufällig glaubt man in diesem 1887 komponierten Stück viel eher antizipierten Debussy als deutsche Liedtradition zu vernehmen.

Mit *Nachtzauber,* komponiert am 24. Mai, endet Wolfs Beschäftigung mit Eichendorff vorläufig (mitten in diese schöpferische Hochstimmung fällt übrigens, am 9. Mai, der Tod des Vaters); von nun an sinkt Wolfs psychische Kurve bis zum Jahresende langsam ab. Sein Kritikeramt hatte Wolf bereits im April aufgegeben; er wartete auf einen kreativen Impuls, geplagt von Depressionen und Zweifeln, ob er sich auch wirklich einstel-len werde. *Ich ... übe mich in Geduld und Entsagung,* schreibt er am 22. Oktober 1887, *bin auch schon ganz stumpfsinnig geworden. Meine ausschließliche Beschäftigung konzentriert sich in Variationen über die sie-ben letzten Worte des Erlösers, wobei es mir manchmal passiert, daß ich über die ersten «Mein Gott, mein Gott, warum hast du mich verlassen» gar nicht hinauskomme.*[259] Um billiger leben zu können, bezog Wolf im Ja-nuar 1888 das den Winter über leerstehende Landhaus der Familie Wer-ner in Perchtoldsdorf bei Wien. Kurz nach dem Einzug klagte er über den *schrecklichen Verbannungsort: Was ich hier leide, ist gar nicht zu beschrei-ben und da gerade jetzt die Sonne lustig in mein Zimmer scheint, will ich keine schwarzen Schatten heraufbeschwören, aber mündlich sollen sie von allen Greueln haarklein unterrichtet werden.*[260] Am Abend seines ersten Tages in Perchtoldsdorf komponierte Wolf eigenartigerweise je eine Hul-digung an die beiden Vorbilder seines lyrischen Jugendwerks: Das *Gesel-lenlied* (Reinick) als sacht-ironische C-Dur-Replik auf Wagners «Meister-singer», das Heine-Lied *Wo wird einst* als Hommage an Schumann. *Mit demselben hat es die merkwürdige Bewandnis, daß es aus einer Zeit stammt, in der mir nach jahrelangem Irren, Suchen und Verzweifeln zum ersten Male der Knopf – wie man bei uns zu sagen pflegt – aufging. Es war sozusagen das Vorspiel zu meinen Mörike-Liedern, denn wenige Wochen danach war die Liedersintflut bei mir ausgebrochen.*[261] Von 16. Februar an geriet Wolf in eine schöpferische Hochspannung, die ihm selbst unbe-greiflich war. Niemand durfte den wie im Fieber Schaffenden in seinem Sanktuarium stören; nachdrücklich verbat er sich jeden Besuch. Wer den-noch kam, wurde grob abgefertigt oder, wenn möglich, gar nicht vorgelas-sen.

Soeben habe ich ein neues Lied aufgeschrieben. Ein Götterlied sag' ich Ihnen! schrieb Wolf am 22. Februar 1888 an Edmund Lang über seine Vertonung von Mörikes *Der Knabe und das Immlein. Ganz göttlich wun-derbar! Bei Gott! mit mir wird es bald zu Ende gehen, da meine Gescheit-heit von Tag zu Tag zunimmt. Wie weit soll ich's noch bringen? mir graut's*

Heinrich Heine.
Gemälde von
Moritz Oppenheim·

*daran zu denken. Ich habe nicht den Mut eine Oper zu schreiben, weil ich
mich vor den vielen notwendigen Einfällen fürchte.*[262] Die desperate Ironie
dieser Zeilen mag auf den ersten Blick belustigend wirken, und doch trifft
sie etwas Wesentliches an Wolfs *Produktionsdrang*[263]: er hatte bei aller
Euphorie etwas Verzweifeltes. *Einfälle, lieber Freund, sind schrecklich.
Ich fühl's. Meine Wangen glühen vor Aufregung wie geschmolzenes Eisen
und dieser Zustand der Inspiration ist mir eine entzückende Marter, kein
reines Glück. Ich habe heute förmlich eine ganze komische Oper auf dem
Klavier zusammenphantasiert. Ich glaube, ich brächte wirklich etwas Gutes dieser Art zustande. Aber ich fürchte die Strapazen; ich bin zu feige für
einen ordentlichen Komponisten. Was mag mir wohl die Zukunft noch vorbehalten? Diese Frage quält mich und ängstigt und beschäftigt mich im
Wachen und im Träumen ... Ich glaube, daß ich toll bin, weil ich Ihnen so
dummes Zeug vorschwefle.*[264] Wenige Stunden später schrieb Wolf: *Nun
reißen Sie Ihre Nasenflügel auf. Kaum, daß mein Brief expediert wurde,
schrieb ich auch schon, den Mörike zur Hand nehmend, ein zweites
Lied.*[265] *Nun beglückwünschen, oder verwünschen Sie mich, ganz nach
Belieben. Sollte mir Polyhymnia aufsässig genug sein, mit einem dritten*

Handschrift des Heine-Liedes «Wo wird einst»

Liede zu drohen, werde ich diese Schreckensnachricht persönlich morgen in aller Frühe überbringen. Augenblicklich ereignet sich nichts Musikalisches um mich ...

Verachten Sie mich. Das Bubenstück ist vollbracht. Auch das dritte Lied «Ein Stündlein wohl vor Tag» ist mir gelungen und wie! Das ist ein ereignisvoller Tag.[266] Ein Stündlein wohl vor Tag (Takt 5–8) geht von demselben melodischen Einfall, der einen Volksliedtypus chromatisiert, aus, wie das einige Stunden zuvor entstandene Lied Der Knabe und das Immlein (Takt 1–4). Der melodischen Verwandtschaft korrespondiert die inhaltliche: Die Liebe, von der Der Knabe und das Immlein so harmlos-naiv singen, ist ein Stündlein wohl vor Tag hinfällig geworden. Was zu Beginn des Immlein-Liedes nur als Kolorit erschien, das Chroma als harmonische Farbe der schwülen, drückenden Hitze im «Weinberg auf der Höhe», wird ein Stündlein wohl vor Tag zum Spiegel der seelischen Verfassung. Hugo Wolf hat in allen Zyklen einzelne Lieder durch verwandte Motive verklammert, besonders sinnfällig Der Schreckenberger (Takt 43–46) mit Der Glücksritter (Takt 63–66) im Eichendorff-Band, die beiden Peregrina-Lieder im Mörike-Band, Suleikas Frage Als ich auf dem Euphrat schiffte mit Hatems Antwort Dies zu deuten bin erbötig (Notenfolge a-gis-fis-gis-a im Baß von Takt 1) sowie den zweiten und dritten Harfner-Gesang im Goethe-Band. Über den Liebhaber in Nicht länger kann ich singen (= Nr. 42 des Italienischen Liederbuchs) schrieb er: Derselbe vorsichtige Patron singt auf die vorige Weise, aber in Ständchenform, das folgende Lied, das heißt in der Begleitung, denn seine Schöne schnauzt ihn folgendermaßen an: «Schweig' einmal still, du garst'ger Schwätzer dort! Zum Ekel ist mir dein verwünschtes Singen!» Diese zwei Stücke sind im Buch getrennt. Sie passen aber unverkennbar zusammen.[267] Mit solchen und anderen Kunstgriffen hat Wolf das Lied in eine Gesamtform gestellt, statt es in seiner Vereinzelung zu belassen. Den Mörike- und Goethe-Band verstand er als umfassende Exegese des Dichters, von dessen Wesen die Gesamtheit der Lieder ein zulängliches Bild geben sollte. Eine Konzertreihe nach meinem Geschmacke[268] stellte Wolf sich so vor: 1. Abend eine Auswahl von Gedichten nur nach Mörike. 2. Abend ausschließlich Eichendorff. 3. Abend Goethe. 4. Abend Spanisches und 5. Abend Italienisches Liederbuch.[269] Leider war es mir bislang durch die Ungunst der Verhältnisse verwehrt, diese meine Lieblingsidee zu verwirklichen.[270] Hugo Wolf beharrte stets auf seinem zyklischen Konzept und ließ keine Heftausgaben im Format der gängigen Opusreihen zu. Ja, ich will lieber fortwursteln, als mit diesem Käsekrämer ein Geschäft machen, schrieb er, als der Vertrag mit seinem Verleger an diesem Punkt zu scheitern drohte. Auf der vollständigen Bandausgabe bestehe ich; gefällt's ihm nicht, so soll er unverzüglich die Kopiaturen und die drei Bände zurückschicken. Dies mein reiflicher, wohlüberlegter Entschluß und mein letztes Wort.[271]

Am 23. Februar wurde Der Jäger komponiert, am 24. Auftrag und –

Nimmersatte Liebe: «*So nimm denn Unheil deinen Lauf!*» *Lieber Ed-
mundi! Es ist jetzt punkt 7 Abend und ich bin so überglücklich, wie ein
überglücklicher König. Wieder ist mir ein neues Lied gelungen. Schatzerl,
wenn's das hörst, holt Dich vor Vergnügen der Teufel. Der Schluß bricht
geradezu in einem Studententon aus. Es geht darin zum Erhängen lustig
her.*[272] Der kabarettistische Couplet-Schluß der *Nimmersatten Liebe* kann
erhellen, wie Wolf Elemente aus der populären Sphäre in seine Musik-
sprache einbezogen hat. Im Volkston sah er die ästhetische Differenz zwischen seiner Kunst und der Wagners. Als Weingartner das Mörike-Lied
Auf eine Christblume I lobte, sah er darin den illegitimen Versuch, ihn für
die Neudeutschen zu vereinnahmen. *Halt, dachte ich, Weingartner glaubt
in mir einen Kumpan zu finden, der «auch» wagnerisch komponiert. Daß
er den volkstümlichen Zug in meinen Liedern verkannte, folgerte ich mit
einigem Recht daraus und schloß mit der ruhigen Sicherheit, daß er mich
eigentlich gar nicht verstanden.*[273] Mit Schubert, Bruckner und Mahler
teilt Wolf zuweilen den «österreichischen» Ton, wie er etwa im Wechsel
des Tongeschlechts in *Heimweh* (Mörike) zu den Worten «Das Bächlein
murmelt wohl und spricht» und *Der Musikant* (Eichendorff) an der Stelle
«weiß nicht, wo ich abends ruh'» laut wird – Dichtung und Musik weisen
in beiden Fällen zurück auf Schuberts «Die schöne Müllerin». Er haßte
jedoch alle «Weaner» Volkstümelei, *jenes widerlich süße Gedudel, jene
affektierte österreichische Gemütlichkeit, jenes ekelhafte Kokettieren mit
dem Wiener Lokalton*[274]. Niemals hat Wolf triviale Elemente, wie Mahler, als Sprengsatz in die späte verfeinerte Struktur eindringen lassen. Ein
solches Verfahren hätte er wohl als naiv und wenig delikat empfunden.
Von einem ernst zu nehmenden Komponisten verlangte Wolf, *bei aller
Volkstümlichkeit den vornehmen Herrn zu markieren, bald durch eine harmonische Abweichung, bald durch einen Kontrapunkt*[275] den Volkston
diskret in die Konstruktion einzuschmelzen. Sein Umgang mit volkstümlichen Stilmomenten unterscheidet sich, seiner Selbsteinschätzung zum
Trotz, nicht wesentlich von dem Wagners: er benutzte sie als Mittel der
Charakterisierung. Zurück zum Volkslied gab es für Wolf schon deshalb
keinen Weg mehr, weil seine Intention, dem Wort des Dichters nicht bloß
ganz allgemein, sondern sehr differenziert Geltung zu verschaffen, sich
mit den Mißlichkeiten des Strophenliedes nicht vereinbaren ließ. Seine
Aversion gegen das Liebäugeln *mit der schlichten Einfalt des Volkstümlichen*[276] ließ ihn gegen Brahms polemisieren, der seinerseits, gegen die
Wagner-Schule, «die schönen Volkslieder» rühmte: «Es ist nicht genug,
sie in geeigneter Stimmung mit Enthusiasmus einmal zu singen. Das Lied
segelt jetzt so falschen Kurs, daß man sich ein Ideal nicht fest genug ein-
prägen kann. Und das ist mir das Volkslied.»[277] Das Volkslied als Ideal,
das noch in Brahms' subtilsten Liedkompositionen durchscheint, war –
so verstanden – für Wolf keines mehr. Wortwiederholungen, wie sie die
periodisierte Textvertonung nach Art des Volkslieds bei Brahms nicht

Als Frontispitz der Erstausgabe seiner «Gedichte von Eduard Mörike für eine Singstimme und Klavier» wählte Wolf die Lithographie von Bonaventura Weiß

selten erzwingt, erschienen ihm als Barbarei: *In einer berühmten türkischen Oper mag es hingehen, wenn Yussuf dem Renegaten mit Emphase zubrüllt: «Verflucht seist du in Ewigkeit, ja ...keit!» Die Türken sind gottlose Kerle, die einem kräftigen Fluch zuliebe die deutsche Sprache ohne Erbarmen zugrunde richten könnten, wenn sie öfters Rachearien zu singen bekämen.*[278] Für den *bekannten zweistimmigen Jodler von Brahms «So laßt uns rüstig wandern»*[279], die Strophik und quadratische Melodik, die dadurch bedingte *ganz besonders originelle Deklamation* hatte er nur Hohn und Spott übrig. *Welch ein Meister des Dudelsacks* (Anspielung auf die Baßquinten nach Art des Volkslieds bei Brahms) *und der Ziehharmonika ist doch Brahms! «Höher geht's nimmer!» Aechter als er schrieb keiner Gestrampfte, und doch, trotz aller Strampfer, Gassenhauer, «immer lusti» und Dulies melancholisierte keiner wie er. «Wißt ihr, wie das ward?» ... und so in der bekannten edlen Volkstümlichkeit jodelt es bis zum Schluß.*[280]

War bereits hier der künstlerische Gegensatz eminent, so vollends zu dem mit Volkstümlichkeit zweifelhafter Provenienz drapierten Salonkitsch der *Abt, Kücken, Proch etc.*, die Volks- und Kunstlied auf der Ebene des Trivialen zur Deckung brachten. *Ich denke, wir spielen gegen diese Plebejer doch noch immer die Aristokraten und haben's nicht nötig, der Gunst des Volkes nachzulaufen.*[281]

Am 25. Februar 1888 fiel Wolf zu Mörikes *Zur Warnung* eine Musik ein, die *so schauerlich seltsam klingt, daß mir ganz bange davor wird. So was war noch nie da. Gott stehe den armen Leuten bei, die das einmal hören werden.*[282] Die Beobachtung des Nie-Dagewesenen trifft das Richtige: Das Vorspiel mit seinem zunächst chromatisch abwärts schleichenden, dann jäh um eine Quart fallenden Hauptmotiv, harmonisiert durch übermäßige und verminderte Akkorde, ist faktisch atonal; aus dem Zusammenhang ergibt sich jedoch, wie sehr Wolf im Sinne der Tradition dachte: die schwankende Tonalität des Anfangs (das «eigentliche» Lied ist unzweideutig auf a-moll bezogen) charakterisiert die Haltlosigkeit miserabler Komponisten (denn sie hatte Wolf offensichtlich im Auge), wie Mörike die jungen Dichter seiner Zeit als Betrunkene in morgendlicher Katerstimmung verspottete. Hugo Wolf sah in der Wagner-Schule die Gefahr einer Auflösung der tonalen Harmonik und polemisierte bereits in den achtziger Jahren gegen *die neue Richtung, zu der man bekanntlich nur auf den mühevollsten Umwegen fremdartiger Modulationen gelangt*[283]. Ihr warf er vor, *chromatische Skalen* und *stark forcierte Modulationen*[284] an die Stelle prägnanter melodischer Einfälle zu setzen. Ihm würde *schaudern, ein Sujet* wie «Die Erschaffung der Welt» *von einem modernen Komponisten behandelt oder richtiger mißhandelt zu wissen. Wenn ein moderner Komponist z. B. das Chaos musikalisch illustrieren wollte, träfen wir dabei gewiß auf keinen Dreiklang, es sei denn zuweilen ein übermäßiger; aber aller Wahrscheinlichkeit nach dürfte der reinen Quinte die Aufgabe zufallen, die musikalischen Kosten einer solchen Vorstellung zu bestreiten ... Noch gut aber, wenn's nur bei diesem teuflischen Auskunftsmittel bleibt, denn jetzt fallen Disharmonien ... hageldicht nieder, und man möchte glauben, das Chaos sei ein wildes Tier geworden, das an Zahnweh leidet, so stöhnt und ächzt es.*[285] Wolf hat stets betont, er sei *imstande ... nachzuweisen, wie nach der strengsten Regel der Harmonielehre jede meiner noch so kühnen Dissonanzen zu rechtfertigen ist*[286]. Daß er die tonale Logik bereits bei Strauss willkürlich durchbrochen sah, war zwar ungerechtfertigt, zeigt aber, wie empfindlich Wolfs tonales Bewußtsein war: *Diese affektierten Harmoniekrämpfe spotten jeder Beschreibung. Dergleichen aber gilt hier in Deutschland als genial und kühn. Da will ich lieber eine talentlose Memme sein als solch ein «Himmelsstürmer».*[287] Noch immer, ja erst recht sind Tonarten bei Wolf qualifizierte Räume. Die Tonartencharakteristik war ihm so wichtig, daß er grundsätzlich jede Transposition ablehnte. Er wollte seine Lieder entweder in den Originaltonarten

Nach einer Radierung von Ferdinand Schmutzer

oder überhaupt nicht hören und nahm es in Kauf, deswegen die Sänger zu
brüskieren: *Kraus will den 2ten Gesang Gudmunds «Ich fuhr wohl über
Wasser» durchaus transponiert nur singen, in Folge dessen ich lieber auf
seine Mitwirkung verzichte.*[288]

Wolf war von der Komposition, an der er gerade arbeitete, stets so
hingerissen, daß ihm alle früheren Werke unbedeutend vorkamen. *Heute,*
schrieb er am 20. März 1888, *habe ich mein Meisterstück geliefert. «Erstes
Liebeslied eines Mädchens» (Ed. Mörike) ist das weitaus Beste, was ich bis*

71

jetzt zustande gebracht. Gegen dieses Lied ist alles Vorhergegangene Kinderspiel . . . Das Gedicht ist wahnsinnig, die Musik nicht minder, ebenso Ihr Fluch. Bereits am nächsten Tag meldete er: *Ich revoziere, daß das «Erste Liebeslied eines Mädchens» mein Bestes sei, denn was ich heute vormittag geschrieben: «Fußreise» (Ed. Mörike) ist noch millionenmal besser. Wenn Sie dieses Lied gehört haben, kann Sie nur noch ein Wunsch beseelen: zu sterben. Einstweilen leben Sie und leben Sie recht wohl. Ihr überglücklicher Wölfing.*[289] Der souveräne Übermut, der aus diesen Zeilen spricht, war für Wolf zweifellos eine Entspannung nach den Stunden konzentrierter Arbeit. In den Zeiten seines *wunderlichen Produktionsdranges*[290] war er *dergestalt arrogant, daß sich jeder gemütliche Diskurs aufhört*[291]. Solche «Arroganz» regulierte das Selbstwertgefühl in Wolfs äußerst labilem psychischem Haushalt: als Korrektiv zu den tiefen Insuffizienzgefühlen in den depressiven Phasen. Dieses konstitutionelle Zusammenspiel geriet in der langen unproduktiven Periode nach 1891 beinahe aus den Fugen.

Am 27. März 1888 schrieb Wolf an Eckstein: *Heute vormittag war ich trotz des schönen Wetters ganz verzweifelt; da mir absolut nichts einfallen wollte, und ich den ganzen Tag schon als verloren betrachtete. Ich bin schon wieder beruhigt. Nachmittag schrieb ich ein ganz besonders gelungenes Lied «Storchenbotschaft» (natürlich Mörike) und so habe ich wieder Hoffnung, daß die Mühle weiter klappert.*[292] *Storchenbotschaft* eröffnet im Mörike-Band eine Gruppe von sechs Gedichten komischen Genres, deren teils herzhaften, teils skurrilen Witz Wolf bis ins entlegenste Detail auskostete. Dem Musiker, zumal wenn er, wie Wolf, einen feinen Sinn für Drôlerien besitzt, bieten sie jede erdenkliche Gelegenheit zur Illustration. *Tonmalerei* fand Wolf etwas *anrüchig;* an den Programmusiken der ins Dekorative sich wendenden Neudeutschen Schule kritisierte er, daß man in ihnen *vor lauter Vorstellungen keine Musik zu hören*[293] bekomme. Diese Komponisten sollten gefälligst, *anstatt in Äußerlichkeiten sich zu verlieren, mehr in das Wesen der Tonkunst sich versenken*[294]. Joseph Haydns *außerordentlich feiner Kunstsinn* habe ihn davor bewahrt, in seiner «Schöpfung» die äußere Natur zu imitieren; er habe *nicht das Gesicht, sondern den Eindruck des Gesichtes auf sein musikalisches Gefühl wiedergegeben.* Wenn ein Komponist das *in Musik setzen* wolle, *was er gesehen, so mag dies von ihm gut gemeint sein, aber erreicht hat er dadurch nichts, und wir haben obendrein noch eine sehr schlechte Meinung über seine gute. So weit aber kann die Verwirrung gehen, wenn das rein Äußerliche in der Tonmalerei dominiert, daß vor lauter Stimmungen keine Stimmung, vor lauter Charakterisieren kein Charakter, immer ein zerstreutes Einzelnes, nie aber ein wirkungsvolles Ganzes zustande kommt.*[295] Nicht, daß er Details von Fall zu Fall zu kolorieren wußte, macht den Rang Hugo Wolfs aus, sondern daß er bei höchster Ökonomie des motivischen Materials doch dem einzelnen sein Recht verschaffte. Stets kreisen Wolfs formale Lösungen um dasselbe Problem: der poetische Partikel, das, was im Gedicht einzeln, im Wortsinne: «singulär», ist und niemals ohne Rest in der «Grundstimmung» aufgeht, soll in der Musik laut werden, doch so, daß selbst im kontrastierenden Detail stets das Ganze gegenwärtig ist. Variation vermittelt zwischen Wolfs psychologisch-literarischer Intention, Zug um Zug das Gedicht treu zu bewahren, und der musikalischen, das Lied als ein Gebilde zu fassen, das formal in sich stimmig ist. *Storchenbotschaft* ließe sich als zunächst strenger (1.–4. Strophe), dann freier (5.–7. Strophe) Variationensatz beschreiben. Dessen Thema in der rechten Klavierhand ist offensichtlich von der Deklamation der ersten Gedichtzeile («Des Schäfers sein Haus und das steht auf zwei Rad») inspiriert. Nach dem ruhigen Bild der ersten Strophe machen sich die Störche in der zweiten («sie klopfen ihm wohl») und dritten («es knopert am Laden») immer heftiger bemerkbar, in der vierten sind sie präsent. Das *gemächlich* vorzu-

tragende g-moll-Thema (1. Strophe, g-moll) wird in der 2. Strophe teilweise und in der 3. Strophe vollends in Sechzehntelbewegung aufgelöst. 2. Strophe Variation I:

Zudem steht die 3. Strophe in d-moll. Variation II:

In der vierten Strophe hat es, wiederum harmonisch variiert (B-Dur), in

den weiten Intervallen unverkennbar die staksige Gestik der Störche («Das Pärchen, es machet ein schön Kompliment») angenommen: Variation III. Der Vokalpart und die linke Klavierhand vollziehen die Variationenfolge frei, teilweise mit eigenen Umbildungen nach. Der zweite Teil des Liedes enthält außer neuen Motiven eine Fülle von Anspielungen auf

73

Unterach

den ersten; so erscheint das Thema des Anfangs von Takt 25–31 durchgehend, doch vielfach variiert, im Baß. Dabei handelt es sich weniger um Relikte einer strophischen Ordnung als um eine Disposition, die auch im Balladesken, zur Konzentration tendiert. Deshalb trifft Mahlers Verdikt über Wolfs Lieder: «Tonmalen kann jeder! Aber ich verlange von einem Lied nicht, daß es klingelt, wenn ein Vogel vorkommt und im Baß herumbrummt, wenn der Wind geht – ich verlange: Thema, Durchführung des Themas, thematische Arbeit»[296], gar nicht diese selbst, sondern nur das Vorurteil, das Mahler gegen sie hegte. Die Vögel in *Storchenbotschaft* klingeln zwar, aber sie klingeln höchst thematisch.

Nach einem Sommerurlaub bezog Wolf im September 1888 die Villa der Familie Eckstein *in Unterach*[297]. Hier wurde der Eichendorff-Band komplettiert und dann *wieder fleißig «gemörikelt»*. Hugo Wolf vertonte unter anderem *An den Schlaf, Neue Liebe, Wo find' ich Trost* und *Karwoche. Alle Lieder sind wahrhaft erschütternd komponiert. Mir sind oft genug die Tränen über die Wangen gerollt. Sie überragen an Tiefe der Auffassung alle übrigen von Mörike.*[298] In diesen Reflexionen über Schuld und Vergänglichkeit, aber nicht nur in ihnen, ist Wolf in abgelegene Bezirke jenseits des vielzitierten «sonnigen Mörikehumors» (der doch nur eine Seite dieses Dichters ist, und nicht die bezeichnendste!) eingedrungen. *Zu welchen Exzessen läßt seine Muse sich hinreißen, wenn sie der dämonischen Seite der Wahrheit ihr Antlitz zukehrt! ...Welche krampfhafte Innigkeit, welches wollüstige Behagen am Peinlichen spricht sich in den unnachahmlichen Versen aus: «Erinn'rung reicht mit Lächeln die verbittert / bis zur Betäubung süßen Zauberschalen; / so trink' ich*

gierig die entzückten Qualen» (Besuch in Urach). Das ist mit *Blut ge-*
schrieben, und solche Töne weiß nur anzuschlagen, wer – leidend – sein
innerstes Wesen einer tief wahren Empfindung hinzugeben imstande ist.
Gleichwohl sah Wolf auch den schnurrig-phantastischen Humoristen,
den *Liebling der Grazien*[299], dessen «holdes Bescheiden» (das nach Mörikes *Gebet* «in der Mitten» liegen soll) für ihn ein unerreichbar fernes
Ideal (und wohl noch nicht einmal das) war. Im Mai 1895 schrieb er: *Die*
Zeit verbrachte ich während der Fahrt zum Teil mit der Lektüre der Möri-
ke'schen Briefe, von denen die erste Hälfte entschieden als schwach und
ziemlich uninteressant gelten darf. Die andere Hälfte hat ... meinen Bei-
fall gefunden, obschon ich mir die Briefe origineller und geistreicher vor-
gestellt hatte. Ein gewisser altfränkischer Ton in ihnen drängt sich allzu-
sehr vor. Wir «Modernen» empfinden eben anders. Ich glaube, wir hätten
uns (Mörike und ich) doch nicht gut verstanden.[300] Es ist Wolfs nahezu
medialer Fähigkeit der Einfühlung zu danken, daß er Mörike weder ge-
waltsam dämonisierte noch über das Dunkle und Abgelegene seiner
Poesie hinwegmusizierte.

Das 53. und letzte Mörike-Lied entstand am 26. November 1888. Im
Hochgefühl der Erkenntnis seiner schöpferischen Potenz hatte es Wolf
weiterhin *rasend eilig. Ich beabsichtige, in diesem Jahre noch eine Anzahl*
Goethe'scher Lieder zu komponieren und fühle mich auch sehr aufgelegt
dazu.[301] Am Jahresende lagen bereits 26 *Gedichte von Goethe* vor.
Einige von ihnen, wie *Kennst du das Land* (komponiert 17. Dezember
1888) bezeichnen in der Gestaltung des Klaviersatzes musikgeschichtlich
einen äußersten Punkt: die Expansion ins Orchestrale. Die Vernachlässigung primär pianistischer Spielformen und der Hang, orchestrale Wirkungen auf das Klavier zu übertragen, besonders drastisch im Akkord-
tremolo der Takte 91–93, könnte mit einem biographischen Detail aus
Wolfs Jugend zusammenhängen. In seinen musikalischen Studien hatte
die übliche Klavierausbildung nur eine geringe Rolle gespielt – *Mich*
überläuft's schon bei der bloßen Nennung dieses fürchterlichen Namens
Clementi – brrr! – davor habe ich mich immer bekreuzigt; dafür habe ich
aber auch den Parnaß der Klaviergymnastik nie erklommen.[302] Wolf be-
vorzugte beim eigenen Musizieren Klavierauszüge, *besonders aber Wag-*
nersche Klavierauszüge und unter diesen wieder vornehmlich die der Ni-
belungen-Tetralogie[303] vor originaler Klavierliteratur; dabei entwickelte
er eine wahrhaft unheimliche Virtuosität: *Das mechanische Üben auf*
dem Flügel macht mir noch Spaß, zumal abends bis in die Nacht hinein,
wenn die Finger immer geläufiger werden; da entfalte ich mitunter eine
mechanische Fertigkeit, daß ich selber davor erschrecke. So spielte ich in
später Nachtstunde bei offenem Klavier den Walkürenritt nach der Klind-
worthschen Bearbeitung in einem rasenden Tempo, ohne jemals daneben
gegriffen zu haben. Die Finger flogen nur so blitzartig über die Tasten,
daß mir ganz schaurig dabei zumute ward. Hätte ich zur gestrigen Gei-

Goethe.
Pastellgemälde von
Georg Oswald May

sterstunde Publikum um mich gehabt, die Leute hätten gedacht, der Teufel musiziere ihnen was vor, so grausig war die Sache zum Anhören.[304] Für Wolf verband sich das Tonlich-Reale des Klavierklangs mit einem imaginären Orchester – die Klaviersätze seiner Lieder verraten, in welchem Maße sich seine Phantasie an dieser Kombination entzündete. Dem Einwand, quasi-orchestrale und -dramatische Wirkungen hätten im intimen Bezirk des Liedes nichts zu suchen, begegnete Wolf mit dem spöttischen Hinweis, daß *noch kein Mensch* an ihnen *gestorben ist*[305]; ihm selbst fehle nun einmal *jegliches Talent zur Enthaltsamkeit*[306]. Gegen die Klassizisten berief er sich auf den Klassiker *Beethoven, der sich sogar die große Trommel zu den vorhandenen Tschinellen ausgeliehen – mein Gott und gar in der Neunten Symphonie – wie unkeusch, wie wenig klassisch dies ist – wie? oder nicht?*[307]. Dabei betonte Wolf stets, seine Klaviersätze, auch jene, die sich wie das Particell eines Orchesterwerks ausnehmen, könnten auf dem Flügel *tadellos und völlig getreu zu Gehör gebracht* werden, *denn ich lege ein Gewicht darauf, nicht als musikalischer Tollhäusler (à la Richard Strauss) in den Augen der Leute zu gelten*[308].

Stets muß der Wolfsche *Klavierpart (der unter allen Umständen nur den Händen eines wahrhaft gebildeten Musikers anzuvertrauen sein wird*[309]) als instrumentale Hauptstimme ausgespielt werden. «Klavierbegleiter» war für Wolf nahezu ein Schimpfwort: *Sternfeld ist zwar ein guter Begleiter, aber immerhin nur Begleiter. Jeder wird sein Teil geben, aber ein Ganzes wird nicht daraus, und darauf kommt es doch hauptsächlich an.*[310] Aus dieser Bemerkung spricht die Erkenntnis, daß die «Begleitung» in Wolfs Liedern vollends und weit über Schubert und Schumann hinaus eben nicht mehr Begleitung ist, sondern ein Komplement, das Freiheit von der Gesangslinie (indem es nicht mehr harmonisch-akkordisch gedacht ist) mit engster Bindung an sie (indem es bei aller musikalisch-formalen Stringenz harmonisch äußerst sensibel auf den Textverlauf reagiert) auf eigentümliche Weise vereint. Wie die instrumentale Begleitung vom vokalen Kommentar ihren Sinn bezieht, so erhält umgekehrt die Gesangsmelodie, die frei und ungebunden deklamiert, doch erst vom Klavierpart Farbe und Bedeutung. So wesentlich die Selbständigkeit der beiden Schichten ist, so unverkennbar ist zugleich die entgegengesetzte Tendenz, beide zu einem Kontinuum zu verschmelzen. Es gibt zwar kaum ein Wolf-Lied, in dem der Klavierpart die Bewegung des Gesangs nur begleitend nachvollzieht, aber es gibt eben auch kaum eines, in dem beide beziehungslos, nur gerade harmonisch koordiniert, nebeneinander herlaufen. Der Singstimmenschluß des italienischen Liedes *Und steht ihr früh am Morgen auf vom Bette* zeigt exemplarisch die Verschmelzungstendenz. Hugo Wolf erreicht den sanften Übergang der Singstimme gleichsam «in» den Klavierpart durch drei Mittel: erstens «singt» die rechte Hand die vom Gesang begonnene melodische Phrase weiter (Pfeil), zweitens endet die Singstimme auf einer schwachen Taktzeit und drittens fällt der Schluß der Gesangslinie nicht mit dem harmonischen Kadenzschluß der Begleitung zusammen.

Solche Dialektik von Vokal- und Instrumentalpart beschreibt Wolfs Bemerkung, daß sich die zutreffende Interpretation eines seiner Lieder nicht als Summe der beiden Teile bestimmen kann, sondern als *ein Ganzes*[311], in dem die unterscheidende Addition «Melodie» plus «Begleitung» aufgehoben ist. Wichtiger als dieses technische Moment ist jedoch folgendes: Die Bindung an die Semantik des Textes, die doch die Freiheit hat, sie zu konterkarieren, hat Wolf in einer musikalischen Psychologie fruchtbar gemacht, die im Klavier dechiffriert, was «oben» gesungen wird: die Motivik des Instrumentalparts spricht das Unbewußte des lyrischen Subjekts aus. So in der Mörike-Vertonung *Erstes Liebeslied eines*

Mädchens: «Hinter der Angst schwillt uneingestanden Wollust. Die Stimme singt die Angst» – in atemlosen Pausen, wechselnder Dynamik,

ich— bin ban - - - - -ge:

stockender Deklamation – «das Klavier die Wollust, wienerische Wonne-motive, walzerisches Glück, ahnungsvoll» – gleich das A-Dur-Motiv der

ersten vier Takte drängt zu jener Lust, vor der die Singstimme zurück-schreckt – «stoßweise, dann überströmend» (Oscar Bie[312]). Hier ist die Musik gerade nicht Illustration, sondern das Medium, das zwei Perspektiven dieser Mädchengestalt zum Vorschein bringt. Zu Recht bescheinigte Wolf diesem Lied eine psychologische *Intensität, die das Nervensystem eines Marmorblocks zerreißen könnte*[313].

Das ständig variierte Grundthema der weltlichen *Spanischen Lieder* ist das Schwanken zwischen Schmerz und Süße des Verliebtseins. So fällt hier dem Instrument ein ums andere Mal die Aufgabe zu, von jenen psy-chischen Verletzungen der Liebenden und Ungeliebten zu sprechen, für die es keine Worte gibt. *Wehe der, die mir verstrickte meinen Geliebten* ist der Eifersuchtsausbruch einer Sitzengelassenen. An der Stelle, «Ach, der erste, den ich liebte» (die dem Freund gilt), nimmt die Stimme den Gestus schwärmerischer Liebe an, doch in dem durch rhythmische Punktierung geschärften chromatischen Motiv des Klavierdiskants bebt die Erregung über das erlittene Unrecht. In *Herz, verzage nicht ge-schwind, weil die Weiber Weiber sind* mimt das Pathos der Singstimme eine Überlegenheit, die der von scharfen Dissonanzen durchstochene Begleitrhythmus dementiert. Die Frauenverachtung, die Demonstration von Stärke sein soll, ist in Wahrheit Ohnmacht, denn dem, der da singt, bleibt nach Lage der Dinge keine andere Wahl. Unter der dünnen Decke martialischen Auftrumpfens verbirgt sich die schiere Verzweif-lung.

In *Das Ständchen* (Eichendorff) ist solche Polyphonie expressiver Li-nien das musikalische Äquivalent der nach rückwärts gewandten poeti-schen Zeitperspektive der Romantik: Ein Student singt vor seiner Lieb-sten Tür; von einem Fenster in der Nähe blickt ein alter Mann über die mondbeschienenen Dächer und lauscht dem Sänger. Erinnerungen an seine eigene Jugend werden in ihm wach. Auch er hat vor vielen Jahren so geliebt und gesungen, doch hat er das geliebte Mädchen verloren. Nun nähert sich auch sein Leben dem Ende. Die beiden Schichten Singstimme und Klavier, der alte Mann, der eine erinnerte Melodie singt, und der

singende Student (Klavier rechte Hand), sich dabei mit der Laute begleitend (linke Hand), kurz: Vergangenheit und Gegenwart, folgen ihrem
eigenen rhythmischen Gesetz. Die ausdrucksvoll geführte Singstimme ist
durch ihre Gegenmelodie vom Geschehen im Klavier gleichsam «wegge-
rückt»: Spiegel der entfernten und doch zutiefst betroffenen Reflexion
des einsamen Alten.

Musik kann da ein «Zugleich» schaffen, wo die Sprache ein bloßes
«Nacheinander» kennt: so entsteht höchste Intensität des Ausdrucks. In
dem spanischen Lied *Tief im Herzen trag' ich Pein* führt Wolf ab Takt 16
zu den Worten «wie der Funke frei und licht» in paralleler Bewegung von
Singstimme und Klavier ein Art neues Thema, eine aufsteigende Ton-
folge, ein. In Takt 19 endet die Parallelbewegung, die Singstimme steigt
zu den Worten «sich verbirgt im Kieselstein» sinnentsprechend abwärts,
im Klavier kontrapunktiert sie Wolf jedoch mit der aufsteigenden Linie,
die sich mit dem Sinn der Worte «wie der Funke frei und licht» gleichsam
vollgesaugt hat: jenes Bergen, von dem das Gedicht spricht, ist musikalische Wirklichkeit.

Hugo Wolfs Musik kann jedoch eine Wahrheit auch über das Wort hinaus, ja zuweilen gegen das Wort aufzeigen. In dem Goethe-Lied *So laßt
mich scheinen* ist von Mignons Sehnsucht nach einer jenseitigen Region
die Rede, in der sie «auf ewig wieder jung» sein kann. «Und jene himmlischen Gestalten, / sie fragen nicht nach Mann und Weib, / und keine
Kleider, keine Falten / umgeben den verklärten Leib.» Das Gedicht
spricht aber auch von Mignons Ungenügen an der Wirklichkeit des Hier
und Jetzt, in der sie «tiefen Schmerz genug» fühlt und «vor Kummer ... zu
frühe» gealtert ist. Dieses Ungenügen trifft der quintige a-moll-Eröff-
nungsklang des Wolfschen Liedes. Als sich in Goethes Gedicht der «fri-
sche Blick» auf jenes nun nicht mehr nur utopische Sehnsuchtsziel hin
«öffnet», löst sich die Harmonik von a-moll und tendiert nach B-Dur, das
zu den Worten «Ich lasse dann die reine Hülle, den Gürtel und den Kranz
zurück» gedämpft, hell und warm erscheint. Sie stehen – so möchte man
meinen – unmittelbar vor dem schwerelosen Übergang Mignons in ihre
jenseitige Heimat, von der dann in den nächsten Zeilen des Gedichts die
Rede ist. Auf dem Wort «zurück», das doch nur ganz latent die irdische
Wirklichkeit enthält, aber keineswegs den Sinn eines Zurückgezogen-
Werdens in sie hat, ruft Wolf nun gerade das Gegenbild zu den Worten
heran. An dem «zurück» läßt er die Trauer über das «noch» nicht Einge-
tretene aufgehen, von dem das Gedicht wie von einem bereits Erfüllten
redet. Aus der B-Dur-Region der jenseitigen Heimat leitet die Harmonik
gerade auf dem Wort «zurück» tatsächlich zurück ins anfängliche a-moll.
Wenn dann weiter in dieser Tonart der ungenügenden Realität von «jenen
himmlischen Gestalten» gesungen wird, sie also nicht in der ihnen eigentlich zugehörigen hellen, warmen B-Dur-Sphäre gezeigt, sondern sehn-
süchtig aus der a-moll-Perspektive erblickt werden, so läßt sich daran ab-

lesen, daß Wolfs Verfahren jedenfalls nicht musikalische Analogiebildung, «Vertonung» der Worte ist. Vielmehr bringt sie eine Wahrheit ans Licht, von der das Gedicht an seiner begrifflichen Oberfläche nichts zu wissen scheint: daß die Trauer über das Hier das Bild der anderen Sphäre noch nicht zuläßt. Daß dieses «noch» die Hoffnung auf Ankunft eines Neuen in sich begreift, erweist der Schluß des Liedes. Die letzten Worte von Goethes Gedicht lauten: «Vor Kummer altert ich zu frühe, / macht mich auf ewig wieder jung.» Das letzte Wort erscheint nicht in a-moll, wie der Schluß der vorhergehenden Strophe, sondern in A-Dur, ehe das Nachspiel wieder in die Realität zurücksinkt. Das A-Dur auf «jung» ist in diesem Lied noch einmal etwas ganz Neues, es durchbricht die Wiederkehr des Immergleichen, die sich nur resigniert zur Kenntnis nehmen, aber nicht ändern läßt. Für einen Moment breitet sich ein Glanz aus, der unverloren bleibt und auch das nachfolgende a-moll noch in seinem Glanz erscheinen läßt.

Musik und Sprache bilden eine Einheit ja nicht dadurch, daß die erste wiederholt, was die zweite ohnehin schon sagt, sondern dadurch, daß Musik in die Sprache hineinhorcht und hörbar macht, was in dieser latent vorhanden ist. Bei Wolf rührt die Musik an die verborgenen Unterströmungen des Gedichts und bringt das dort ruhende Potential zum Vorschein. Diese Auffassung, daß das Wort des Dichters in der Tiefe versagen muß und der Ergänzung durch die Musik – nicht der «Vertonung»! – bedarf, geht auf Wagner zurück. Dieser war überzeugt, daß die Stimmung, aus der ein Gedicht geboren wird, durch das Wort allein nicht vollständig zum Ausdruck kommt, sondern daß der Dichter gezwungen ist, was sich im letzten Grunde als unaussprechbar erweist, dem Gefühl nur anzudeuten. Das Verhältnis der Musik zum Wort dürfe dann keines von Illustration, Untermalung, Begleitung sein, vielmehr müßten beide mit durchgängiger Notwendigkeit verbunden werden. Die wahrhaft gelungene Komposition eines Gedichts empfand Wolf nicht als eine subjektive Interpretation unter vielen möglichen, sondern als dessen objektive musikalische Verkörperung. So begriff er seine Gesänge aus Goethes «Wilhelm Meister» als Kritik derjenigen Schuberts, über die er trocken bemerkte: *Da hat Schubert den Goethe halt nicht verstanden.*[314] Auch im Falle des *Prometheus und Ganymed* war er *der Ansicht, daß Schubert die Komposition dieser beiden Gedichte nicht gelungen und daß es einer Nach-Wagnerschen Zeit erst vorbehalten war, diese großartigen Gedichte im Goetheschen Geiste zu vertonen.* Wolf fand es *geradezu unglaublich,* daß Zeitgenossen *gegen meinen Prometheus zugunsten des Schubertschen* zu *opponieren*[315] wagten. In anderen Fällen, wie «Geheimes» und «An Schwager Kronos» sah er Goethes Lyrik in Schuberts Musik bereits objektiv zutreffend verkörpert: *Die Stücke brauchen nicht wieder komponiert zu werden.*[316] Hugo Wolf bezeichnete die *Poesie als die eigentliche Urheberin meiner musikalischen Sprache ... Da liegt der Hase im Pfeffer.*[317] Seine Musik schmiegt sich, wie häufig bemerkt wurde, dem Text an, als wäre sie schon vor ihm dagewesen (*weil ich mich von dem Zauber des Gedichtes plötzlich gefangen nehmen ließ*[318]) – aber sie zieht ihn auch mit auflösender Gewalt in sich hinein – und es ist keine Übertreibung, daß diese Ambivalenz, der aktive und der passive Charakter in Wolfs Komponieren, das Gewaltsame und die Hingabe an die Dichtung, das Salz seiner Werke ist. Daß er mehr und anderes war als ein bloßer Dolmetscher poetischer Meisterwerke, daß er die Lyrik der Vergangenheit in einem sicher auch von den Dichtern ganz ungeahnten Maß verändernd entfaltete, hat Wolf selbst einmal gespürt, als er schrieb: *Es liegt etwas Grausames in der innigen Verschmelzung von Poesie und Musik, wobei eigentlich nur der letzteren die grausame Rolle zufällt. Die Musik hat entschieden etwas Vampyrartiges in sich. Sie krallt sich unerbittlich an ihr Opfer und saugt ihm den letzten Blutstropfen aus. Oder man könnte sie auch mit einem gierigen Säugling vergleichen, der unerbittlich nach neuer Nahrung verlangt, dick und fett dabei wird, derweil die Schönheit der Mutter dahinwelkt.*[319] Das, was in Wolfs Liedern gelingt, ist nicht bloß Exegese von Dichtung, sondern auch «Anstrengung des Begriffs», gewaltsame Überwindung von Widerständen, die entgegenstehen. Darin ist die Einheit von Wort und Ton auch Einheit des Widerstrebenden, ein Zusammenzwingen dessen, was eigentlich auseinander will – immer gefährdet und höchst prekär zu verwirklichen. Doch gelingen erst diesem Komponieren die unvergleichlich scharfen Charaktere: nie erliegt Wolf der Versuchung, über die Tiefen und Untiefen eines Gedichts hinwegzugleiten.

Die Liederbücher
und der Traum von der Oper

Das 51. und letzte Goethe-Lied (*Die Spröde*) entstand am 21. Oktober 1889; bereits eine Woche später nahm Wolf die Arbeit am *Spanischen Liederbuch* auf und hatte bis zum 27. April 1890 jede Menge *zu tun, mir die Spanier (ein großer Zyklus nach Heyse und Geibel) vom Halse zu schaffen. Sie werden in diesen Gesängen mich von einer ganz neuen Seite kennenlernen; dürfte auch das beste sein, was bis jetzt aus meiner Feder geflossen.*[320] Am Pfingstmontag 1890 zog Wolf sich mit Gottfried Kellers Gedichtzyklus *Alte Weisen* nach Unterach zurück. *Auch diesmal hat mir die Muse gleich bei meinem Eintritt ins Haus ein köstliches Lied geschenkt: Es klang wie ein «Willkommen»!*[321] Nach *Tretet ein, hoher Krieger* (25. Mai) und *Singt mein Schatz wie ein Fink* (2. Juni) sah es *mit* Wolfs *Produktivität ... etwas mager aus ... Freilich sind es zwei «Löwen», aber ich bin nun einmal gewohnt, meine Jungen dutzendweise zur Welt zu bringen.*[322] Hugo Wolf langweilte sich *schauderhaft, ausgenommen die Augenblicke, wo ich im Don Quixote blättere. Mit dem Komponieren will's wiederum gar nicht gehen und ich verzweifle schon, daß es jemals wieder gehen soll.*[323] Erst am 24. Juni jubelte er *Hurra! Der Bann ist gebrochen! Gestern die verwünschte Apfelblüt'* – Kellers Gedicht *Wandl' ich in dem Morgentau* – *wundervoll komponiert. St. Petrus* – in *Wie glänzt der helle Mond* – *flickt, was nur das Zeug hält. «Das trunkene Köhlerweib» nach einer Skizze vom 7. des Monats ebenfalls vollendet. Heult schauderhaft. Habe endlich, endlich die 6 beieinander. Nun komme, was will; mein Tagwerk ist vollbracht.*[324] Den Sommer über sah *es in* Wolfs *Gedankenfabrik ... recht traurig aus. Es ist schon lange Feierabend,* schrieb er am 11. August, *und der Himmel nur weiß es, wann dieselbe ihre gewohnte Tätigkeit wird wieder aufnehmen können. Wär's nur schon Herbst oder Winter! Wenn die Natur welkt oder im Starrkrampf liegt, beginnt es in mir zu keimen und zu schwellen. Sie sehen, ich habe einige Ähnlichkeit mit der fatalen Christblume.*[325] Am 24. September kündigte sich das Ende der Schaffenslähmung an: *Ich spüre verdächtige Anzeichen zum Komponieren in mir und erwarte jeden Augenblick eine Explosion. Die wunderbare Ruhe und gänzliche Abgeschlossenheit hier berauschen mich förmlich.*[326] Am nächsten Tag entstand die erste Komposition einer langen Reihe: *Inzwischen habe ich aus dem Italienischen Liederbuch* von Paul Heyse *eines und

Gottfried Keller

*den Schluß eines anderen komponiert. Du wirst über das eine entzückt
sein,* schrieb Wolf an seinen Freund Gustav Schur, *und, soweit ich mir
über das andere klar bin, ebenfalls grunzen. Das erste beginnt mit den
anzüglichen Worten*[327]:

Mir ward ge-sagt, du rei - - sest in die Fer - - ne.

Bereits diese beiden Takte zeigen drei Stilmerkmale des neuen Zyklus.
Zunächst setzt die Singstimme nicht mit dem Klavier auf dem Hauptak-
zent ein, sondern umgeht ihn geflissentlich durch die Achtelpause am
Taktbeginn. Charakteristisch sind zweitens die gleichlangen Noten (hier
Achtel) auf gleicher Tonhöhe und drittens die Neigung, Nachsilben von
Worten, auf die der Hauptakzent fällt (reí-sest, Fér-ne), entgegen dem
Sprachgebrauch noch in die Höhe zu ziehen. Der scheinbar fragende me-
lodische Gestus hält das Zeilenende offen, statt es kadenzierend zu verfe-

Silhouette zu Kellers «Tretet ein» von Rolf Winkler

stigen, und trägt so zu der eigentümlich schwebenden Leichtigkeit bei, die für die zarten Miniaturen des *Italienischen Liederbuchs* charakteristisch ist. Auf sie zielt auch das gleichsam beiläufige Einsetzen der Stimme auf einer Nebenzeit, das Rezitieren auf gleicher Tonhöhe und eine Harmonik, die diatonische Bildungen bevorzugt. Sie kontrastiert der dissonanzenreichen, häufig chromatischen Harmonik des *Spanischen Liederbuchs,* wie das Aufwärtsstreben am Phrasenschluß dem für viele *Spanische Lieder* so bezeichnenden resignativen halbtonweisen Abwärtsgleiten, und die Pause am Taktbeginn der schwer lastenden (geistliche Gruppe) oder nach Art des Tanzlieds die erste Taktzeit akzentuierenden (weltliche Gruppe) Rhythmik des *Spanischen Liederbuchs.* Hugo Wolfs musikalische Sprache ist stets im Fluß, so *daß jeder Band seine besondere Physiognomie trägt, wie dies ja schon durch die Natur der poetischen Unterlage bedingt ist*[328]. *Es ist wieder eine ganz andere Welt, und Sie werden nicht wenig erstaunen über meine Proteusnatur, die sich nun einmal in jede Haut hineinfinden kann. Ich halte die Italienischen für das Originellste und künstlerisch Vollendetste unter allen meinen Sachen.*[329]

Am 5. Oktober 1890 waren *vier italienische, darunter ein Schlager vorhanden*[330]. *Ich bin sehr gespannt, wie lange diese Laune anhalten wird. Es*

*wäre mir sehr angenehm, könnt' ich jetzt so fortwerkeln, da ich den Zyklus
der italienischen gern vor Weihnachten noch beendet sähe.*[331] *Die Einsamkeit und der Mangel an menschlicher Gesellschaft frischt mich wieder auf.
Ich bin voller Freuden und äußerst guter Dinge.*[332] Doch nach dem siebten
Lied versiegte der Strom der Inspiration. *Ohne Einfälle zu komponieren –
gräßlich! Und doch bringt mich dieses traumhafte, tatenlose Herumlun-
gern noch zur Verzweiflung. Gäb's doch wenigstens Krieg oder sonst was
Aufregendes; dieses idyllisch vegetierende Pflanzendasein wird mich noch
ins Grab bringen.*[333] Nach der manischen Produktivität der vorangehenden Jahre litt Wolf 1891 *an einem geistigen Marasmus, der mir recht ernst-
lich den Gedanken nahelegt, dieser Welt für immer zu entfliehen. Meine
Existenzberechtigung erscheint mir immer mehr als eine freche Anmaßung
dem Leben gegenüber, da ich tatsächlich nur mehr eine Scheinexistenz
führe. Leben aber soll nur, was wirklich lebt. Ich bin schon seit langem ein
Toter. Wär's noch ein Scheintod! Aber so bin ich in Wahrheit ein wirklich
Abgestorbener, zu Grabe Getragener, und nur die Macht, über meine physischen Kräfte noch zu gebieten, beweist mir, daß ich noch ein Leben –
Scheinleben führe.*[334] *Ich muß wohl annehmen, daß ich an einem Nerven-
übel kranke.*[335] *Ich kann mir gar nicht mehr vorstellen, was eine Harmonie,
was Melodie ist und ich beginne bereits zu zweifeln, ob die Kompositionen
unter meinem Namen auch wirklich von mir sind. Du lieber Himmel, wozu
der Lärm, wenn zum Schluß nur ein Pudel dahinter steckt? Wozu alle die
herrlichen Aussichten, wenn ich jetzt elend im Dreck versinken soll? «Der
Himmel gibt einem ein ganzes oder gar kein Talent; die Hölle hat mir meine
halben gegeben.»*[336] (Kleist) *Ich fühl's, ich bin auch so ein Höllensohn.
Wenn ich auf gute Manier abkratzen könnte, wär's mir eben recht. Möge
sich die Hölle meiner erbarmen.*[337]

Hugo Wolf lebte *in der beständigen Sorge, daß es mit meiner Produktivität ein plötzliches Ende nehmen könne – ein furchtbarer Gedanke, der mir
oft die bittersten Stunden bereitet und mich auch noch an den Rand des
Irrsinns bringen wird. Dann muß ich alle meine moralische Kraft zusam-
mennehmen, solchen dämonischen Einflüsterungen nicht zu unterliegen.
Welch ein schreckliches Los für einen Künstler, der nichts Neues mehr zu
sagen weiß! Ihm wäre besser, er läge tausendmal begraben! Zum Glücke
hofft der Mensch, solange er lebt, und noch sind meine Ohren nicht taub
für den Zuspruch der süßen Trösterin «Hoffnung». Ich will warten und
gedulden. Wunderschön läßt sich der Herbst an. Die Tage gleichen sich an
Sonnenschein und Milde. Auch wird es in der Gegend allgemach stiller und
einsamer, und wer die Einsamkeit sucht wie ich, dem wird erst wohl, wenn
auch die Natur beginnt, in Todesschweigen sich zu hüllen. Dann trifft wohl
ein verlorner Ton die Saiten meiner lang verstummten Harfe, und wie der
Todeskeim den neuen Frühling birgt, rauscht wohl mein Saitenspiel im
neuen Liederfrühling auf, den jungen Tag frohlockend zu begrüßen*[338],
prophezeite Wolf am 19. September 1891. Der romantische Gedanke,

Nach einem Gemälde von Clementine von Wagner

daß sich in der Natur das ahnungsvolle Gleichnis eines Inwendigen aus-
spreche, war für ihn mehr als eine Bildungsreminiszenz. Jenen «leisen
Von», der, nach dem Friedrich Schlegel-Motto über Schumanns großer
C-Dur-Phantasie, «durch alle Töne tönet», empfand Wolf als eine, wenn
auch dem Verstand unzugängliche, Wirklichkeit, und so war es gerade

diese Komposition, die ihn einmal zu der schwärmerischen *Empfindung* begeisterte, *Schumann* habe *den Grundton des eigentlichen Wesens der Romantiker, jenen schmerzdurchtränkten Naturlaut, der durch alle Wirrnisse des Lebens durchklingend zuletzt in ein sehnsüchtiges Hinüberträumen nach dem Einklang mit der Natur erstirbt, in dem ersten Satz seiner Phantasie angeschlagen und in den aufrauschenden und sanft verhallenden gebrochenen Akkorden ausklingen lassen – ein Schwanengesang der Romantik* [339].

In *den ersten Tagen des Dezembers fing mein geistiges Uhrwerk plötzlich an zu ticken* [340]. *«Ein süßer Schrecken geht durch mein Gebein.» Ich bin wie im Elysium – 33 ist die Zahl!* [341] *Ich rase – und im Kopfe schwirrt's nur so von musikalischen Einfällen. Es geht herrlich! Inmitten der ernstesten Sachen spiele ich am Pianino aus purem Übermut und Bummelwitz selbstkomponierte Tanzmusik.* [342] Das *Italienische Liederbuch* war auf 33 Nummern geplant, bis Ende Dezember 1891 entstanden jedoch nur 15 Lieder. *Der Siegeslauf zu Beginn meiner Tätigkeit dürfte meine Vermessenheit entschuldigen und rechtfertigen. Aber der Mensch denkt, und – die Influenza lenkt. Verfalle ich nicht mitten im Arbeiten diesem abgeschmacktesten aller Übel, das mich auf einige Tage ganz am Hund gebracht, und nun, nachdem ich wieder Herr über meine physischen Kräfte geworden, gingen mir inzwischen die intellektuellen zum Teufel. Nichts, aber rein gar nichts will mir seitdem einfallen. Möchte man nicht verrückt darüber werden?* [343] Lange konnte sich Wolf nicht entschließen, die fünfzehn Nummern mit den sieben im Jahr zuvor entstandenen zum *Italienischen Liederbuch Band I* zusammenzufassen; noch im April 1892 insistierte er: *Es fehlen noch 11, da ich mir's in den Kopf gesetzt, 33 Italienische zu veröffentlichen. Tagtäglich harre ich der günstigen Stimmung, aber immer vergeblich. Ich bin schon ganz wild und verzweifelt darüber.* [344] Widerwillig, aber von dem sicheren Gefühl langanhaltender Sterilität getrieben, entschied er sich schließlich doch zur Herausgabe.

Es war Wolfs *sehnlichster Wunsch*, die Liedkomposition mit den *Italienischen* ein für allemal abzuschließen, *um ganz nur meinen spanischen Opergelüsten zu frönen* [345]. *Ein ganz gewöhnliches, aber originelles komisches Operl* schwebte ihm vor, *bei Gitarrengeklimper, Liebesseufzen, Mondscheinnächten, Champagnergelagen usw.,* vor allem *ohne das düstere welterlösende Gespenst eines Schopenhauerschen Philosophen im Hintergrunde.* [346] Die Oper nach Wagner, davon war Wolf überzeugt, müsse einen Bogen um Wagner herum machen. *Ist es wohl erst nötig zu sagen, welches Schicksal dem üppigen Nachwuchs der Wagnerschen Saat auf dem Gebiete der Oper beschieden? den noch brühwarmen «Armins», «Kunihilds» ... und wie sie – Gott weiß es – sonst alle heißen mögen?* [347] *Unsere jetzigen deutschen Opernkomponisten leiden alle an einer fixen Idee: Sie glauben nämlich, nur Operntexte komponieren zu können, in denen es von Anfang bis zu Ende grunddeutsch hergeht – um so deutscher, das heißt um so langweiliger, schwerfälliger, zerfahrener, talentloser.*[348] In einem Brief aus dem Jahre 1894 argwöhnte er: *Die von Dir angeführte Operndichtung betreffend kann ich ein gewaltiges Mißtrauen in die Tauglichkeit des Stoffes nicht unterdrücken. Nach der von Dir zitierten Beschreibung zu urteilen, muß es an allen Ecken und Enden darin «wagnerln».*[349] Daß Wolf später selbst einräumte, *ohne die «Meistersinger» wäre die Musik zum «Corregidor» nie komponiert worden*[350], «daß also, paradox ausgedrückt, sogar der Weg an Wagner vorbei durch Wagner hindurchführte, ändert wenig oder nichts an der Tatsache, daß» nach Wolfs Auffassung die zeitgenössische Möglichkeit der Oper «in einem der mythologischen Tragödie ausweichenden Verfahren bestand: in dem Verfahren, bei anderen, für Wagner peripheren Gattungen des musikalischen Theaters»[351] (*einer komischen Oper, und zwar einer ganz gewöhnlichen komischen Oper*[352]) «vor der Übermacht der Wagnerschen Hinterlassenschaft Zuflucht zu suchen»[353]. *Möge die Welt erlösen, wer den Erlöserberuf in sich fühlt; mich schert das wenig. Ich für mich will heiter sein, und wenn hundert Leute mit mir lachen können, bin ich's zufrieden. Ich strebe auch keine «welterlösende» Heiterkeit an. Nichts weniger als das. Das überlassen wir billig den großen Genies.*[354] Die Bescheidenheit dieser Zeilen, die Beteuerungen des besten Willens zum Leichten und bequem Genießbaren sind nicht frei von Ironie, und es wäre verfehlt, in diesem Plädoyer *für das Heitere und Gefällige* den Schlüssel der Wolfschen Opernästhetik zu suchen. Die wiederbelebte Opera buffa als bloßes Divertissement lag Wolf fern. Als ihm jemand vorschlug, Gozzis «Il publico segreto» zu vertonen, winkte er ab: *Das «öffentliche Geheimnis» finde ich, um es in vorliegender Gestalt zu gebrauchen, gar zu veraltet, die Figuren schablonenhaft und konventionell. Auch scheint der gemütliche Inhalt nur eine geringe musikalische Ausbeute zu versprechen.*[355]

Bereits in die konzentrierte Arbeit an den großen Liederzyklen hatte sich immer wieder der Traum von der Oper gedrängt. Während der Komposition des *Spanischen Liederbuchs* entstanden Skizzen zu einer *Hamlet-Ouvertüre*. Als 25 Nummern des Goethe-Bandes vorlagen, schrieb Wolf an seine Mutter: *Was wird das Jahr 1889 bringen? In diesem Jahre muß die Oper, an deren Ausführung ich in den nächsten Tagen zu schreiten gedenke, fertig sein.*[356] Im Sommer 1889 glaubte Wolf in Shakespeares «Ein Sommernachtstraum» den idealen Vorwurf für eine komische Oper gefunden zu haben und entwarf ein Textbuch auf der Grundlage von August Wilhelm Schlegels Übersetzung. Zwei Einzelnummern, das *Elfenlied* («Bunte Schlangen, zweigezüngt») und das *Lied des transferierten Zettel* («Die Schwalbe, die den Sommer bringt») komponierte er in Schlegels berühmter Fassung; das chorisch angelegte *Elfenlied* versah er auch gleich mit Bühnenanweisungen (*Die Elfen verschwinden – Titania schläft*). Im Oktober wurde es für Sopransolo, Frauenchor *und Orchester fix in Partitur gesetzt*[357]. Besonders stolz war Wolf, mit seinem Werk die bekannte Vertonung von Mendelssohn überflüssig gemacht zu haben, *denn sein Elfenlied ist dummes Zeug, schaal, oberflächlich, musikanten-haft. Das musiziert, aber besagt nichts. Ein überwundener Standpunkt – glücklicherweise.*[358] Nachdem dieser Opernplan aufgegeben war, kam Wolf bei der Lektüre von Shakespeares «Sturm» der rettende Gedanke: *Das ist ja endlich der vielgesuchte, langentbehrte, sehnlichst gewünschte, stets aufgetauchte, immer wieder verschwundene, endlich aber doch er-wischte, fest gepackte, nicht mehr zu entreißende – Opernstoff.*[359] *Prospero! welch majestätischer Baß! Fernando, Miranda – ein Liebespaar wie Adam und Eva. Ariel! – ich höre schon die schönsten Koloraturen!!?*[360] Hugo Wolf entwarf sogleich ein Szenarium und schwärmte brieflich von dem Glanzpunkt der projektierten Partitur, dem zweiten Akt. *Ein cha-rakteristisches Vorspiel hat die tierischen Ausbrüche gemeiner Leiden-schaften, deren Repräsentant Caliban ja ist, stimmungsvoll einzuleiten. Jetzt denken Sie sich die tolle Szene zwischen Caliban, Trinculo und Ste-phano, es muß zum Bersten werden.*[361] Zunächst fand sich jedoch kein Librettist für den Stoff (*Die Verse Shakespeares kann ich wohl nicht ge-brauchen*[362]) – und als sich schließlich doch einer fand, konnte Wolf in dessen «Prospero» *nichts als eine unerhörte, unbeschreibliche, höchst skandalöse Verhunzung des Shakespeareschen Sturmes*[363] erblicken. *O, du vermaledeite «Dichter»-brut mit deiner verruchten Eitelkeit, deinen lä-cherlichen Prätensionen, deiner wahnwitzigen Selbstgefälligkeit und teuf-lischen Verblendung! In einen Sack mit euch und in den giftigen Sumpf versenkt unter Kröten und ekelhaftem Gewürm!*[364]

Es scheint, als habe Wolf einen Operntext von der Qualität der Lyrik Goethes oder Mörikes gesucht. In seinem Freundeskreis gab es zahlrei-che Versuche, durch Einrichtung der von ihm vorgeschlagenen Stoffe *das erlösende Wort mir in den Mund zu legen, um mir endlich die Zunge zu lösen, aber ich fürchte, daß nur der echte und wahre Dichter dies ver-mag*[365]. Über ein Szenarium seines Wiener Freundes Gustav Schur meinte Wolf: *Für einen kunstbegeisterten Bankbeamten ist's immerhin eine ganz anständige Leistung, vorausgesetzt, daß ein anderer kunstgewogener Bankbeamter dasselbe musikalisch umzugestalten hätte. Für mich aber taugt dieses Szenarium nicht viel; Sie wissen, daß ich einen heiklen Ge-schmack in bezug auf Operntexte habe, vielleicht nur einen zu heiklen.*[366] Aus Wolfs Tübinger Bekanntenkreis kam ein Libretto «Der Meister-dieb», *das abgeschmackteste, talentloseste, hirnverbrannteste, platteste, kurz schauderhafteste Machwerk seit Erschaffung der Welt*[367]. *Ich besitze schon eine kleine Bibliothek der scheußlichsten, viehischsten, mörderisch-sten, trottelhaftesten, haarausreißendsten Operntexte, tragisch, komisch, tragikomisch, komitragisch – kurz, was Sie wollen – nur nicht das, was ich will. Kleine Postpakete und Rollen sehe ich nur mehr mit Schauder an – ahnend das Gräßliche, Unvermeidliche, dem mich mein Operndrang ge-weiht.*[368] Die Schwierigkeiten Wolfs, ein geeignetes Opernbuch zu finden, hängen in besonderer Weise mit seinen Intentionen in der Nachfolge Wagners zusammen: Sie zielten auf die «moderne» komische Oper, mit durchkomponierter Szenenmusik und Leitmotiven, nicht auf eine Wiederbelebung der Nummernoper Rossinis. «Als das Formprinzip der Nummer von dem der Szene verdrängt wurde, hörte die Librettistik auf, ein Metier zu sein, dessen Regeln, jedenfalls im Umriß, feststanden: Das Verfahren, ein Sujet wie ‹Kabale und Liebe› in Nummern zu pressen, in denen der Übergang vom Cantabile zur Cabaletta motiviert werden mußte, war einigermaßen kalkulierbar; die Methode dagegen, aus ‹Othello› eine Oper zu konstruieren, deren dramaturgisches Gerüst aus gesungenen Dialogen besteht, entzog sich der Normierung.» Wollte oder mußte sich Verdi diesem Problem stellen, um wieviel mehr ein Komponist wie Wolf, der sich ausdrücklich auf Wagner berief. «Die Detailkritik, zu der Wagners poetische Sprache herausforderte, verhinderte nicht, daß der Übergang von der ‹Librettistik› zur ‹Operndichtung›, den Wagner mit dem ‹Fliegenden Holländer› (1843) vollzogen zu haben behauptete, als geschichtlicher Entwicklungsschritt, hinter den ein Autor von Operntexten nicht wieder zurückfallen durfte, allgemein akzeptiert wurde.»[369] Nicht an Librettisten mangelte es Wolf – im Gegenteil, er hatte Mühe, sie sich vom Halse zu schaffen –, sondern an einem *«Dichter». In letzter Zeit bin ich glücklich einigen Fallen, die mir Librettisten von Profession stellen wollten, entgangen. Das ist eine Sorte von Menschen, die sozusagen immer nur auf Raub ausgeht. Die Grundidee ihres Denkens und Dichtens ist immer der Kassenerfolg. Nichts berührt diese Menschen gleichgültiger als ein poetischer oder musikalischer Stoff, wie sie sie überhaupt mit der Kunst nur im besten Falle das Handwerksmäßige gemein haben. Zwei von diesem Gelichter, die eine beispiellose Zähigkeit bewahrten, habe ich mir nun glücklich vom Halse geschafft, nachdem ich ihnen rundweg erklärte, daß ich mit dem Opernkomponieren ein für allemal nichts zu schaffen haben wollte. Und doch, fände sich endlich der Rechte! der Echte! Mit welchem Jubelrausch würde ich in seine Arme stürzen und mich mit ihm vermählen, um das zu gebären, was nur ein Dichter zu zeugen vermag.*[370] (Die Begattungsmetaphorik geht auf eine Formulierung Wagners zurück.) Zwischen 1890 und 1894 hat Wolf alle Textbücher, die ihm von Dilettanten und professionellen Librettisten zugestellt wurden, zurückgewiesen und versucht, die bedeutendsten Dichter seiner Zeit für seinen Opernplan zu gewinnen. So wandte er sich mit seinem «Sturm»-Projekt an Detlev von Liliencron; *dieser schrieb mir … daß er sich an Shakespeare nicht heranwage. Er bietet mir ein Trauerspiel an, das in Nordamerika vor sich geht. Aber trotz meiner Begeisterung für Buffalo Bill und seine ungewaschene Gesellschaft ziehe ich den heimischen Boden und seine Gewächse, die die Vorteile der Seife zu schätzen wissen, vor.*[371] Durch Vermittlung Friedrich Ecksteins kam Wolf mit Hugo von Hofmannsthal zusammen, dem er eine Anzahl Lieder vorspielte. Beide diskutierten eine Reihe dramatischer

Ideen und Entwürfe, doch verlief die Begegnung ergebnislos. 1894 wandte sich Wolf an den seinerzeit vielgelesenen Bühnen- und Roman- schriftsteller Richard Voß mit der Bitte um eine Operndichtung. *Wir ha- ben innige Freundschaft geschlossen. Er ist ein ganz wunderbarer Mensch.*[372] Ein Opernbuch verfaßte gleichwohl auch er nicht. *Während der genußreichen Lektüre* von Gerhart Hauptmanns «Die versunkene Glocke» faßte Wolf den Plan, *eine Oper daraus zu machen ... Am liebsten wäre mir's ... wenn er selber Hand anlegte bei der Umgestaltung seines Werkes, das sich als Operndichtung auf drei Akte beschränken müßte.* Wolf malte sich bereits *charakteristische Szenen zwischen Nickelmann und Waldschrat* aus, *zwei kostbaren Gesellen, ganz in der Böcklinischen Art und für Musik wie geschaffen*[373], doch scheiterte das Ganze am Desin- teresse Hauptmanns. *Das letztere konnte ich mir wohl denken, denn Poe- ten sind gewöhnlich Ignoranten in musicis.*[374] Hermann Sudermanns «Frau Sorge» und «Katzensteg» hinterließen im Jahre 1892 *einen tiefen Eindruck* bei Wolf; über «Sodoms Ende» meinte er: *Das Stück ist von einer geradezu schauderhaften Wahrheit, doch immer dabei poetisch.*

Detlev von Liliencron

Wenn der mir einen Operntext schreiben wollte?[375] Daß Sudermann das Ansinnen Wolfs *rundweg abschlug, als eine Sache, die ihm völlig fern läge*[376], überrascht nicht. Der literarische Realismus und vollends der Naturalismus war so musikfeindlich, wie umgekehrt die Konventionen der Gattung Oper denkbar anti-naturalistisch sind. Zudem galt es unter Dichtern als Opfer, ja als Selbstaufgabe, ein Opernbuch zu schreiben. Hugo Wolf seinerseits stand, trotz aller Versuche, einen zeitgenössischen Dichter für seine Pläne zu gewinnen, der Literatur des fin de siècle eher skeptisch gegenüber. Detlev von Liliencrons Gedichte («Der Haidegänger») fand er *brutal* und *abstoßend*[377], und die Theorie einer «modernen» Kunst, die Hermann Bahr, der «Organisator der österreichischen Literatur» (Peter de Mendelssohn), in der «Freien Bühne» vertrat, beargwöhnte er *als geistiges Opiat auf unser soziales Zahnweh*[378]. *Wenn mir die Geschichte mal zu dumm wird, schreibe ich eine Oper, und zwar eine ganz moderne, nach dem Rezept der «Freien Bühne». Darin soll auch von mein und dein wie im Tristan die Rede sein, etwa zwischen einem Polizeiaktuarius und einem sozialistischen Welterlöser, was gewiß ein sehr tiefsinniges und leidenschaftlich bewegtes Duo verspricht. Diese verfluchte Tendenzpoesie heutzutage! Und erst das Mischmasch von mittelalterlichem Mystizismus, urchristlichen Sozialismus und alles angerührt in einer Jauche heidenmäßigster Schweinereien, wie sie bei den Russen modern und von den Deutschen bald überboten wird.*[379] *Ich habe mich glücklicherweise bis zur Hälfte des 4. Bandes der «Brüder Karamasow» durchgefressen* (Wolf hatte es sich zum Prinzip gemacht, jedes einmal begonnene Buch zu Ende zu lesen), *allerdings nachdem ich mich noch einigemale auf das heftigste erbrochen. Ich bin jedoch dahintergekommen, daß alle irrsinnigen und verworrenen Stellen in diesem Buche nichts anderes bedeuten wollen, als eine gemeine Frotzelei von seiten des Autors dem Leser gegenüber. Auch darin ist Dostojewski ein «Neuerer».*[380] *Ich denke, ein rechter moderner Poet muß heutzutage ein vollkommener Narr oder Spitzbube sein. Ich hoffe, meinen Operntextdichter im Irren- oder Zuchthause zu finden.*[381]

Die stärkste Anziehungskraft auf Wolf übten zwei Novellen des spanischen Dichters Pedro de Alarcón (1833–91) aus, «El sombrero de tres picos» (Der Dreispitz) und «El niño de la bola» (Das Kind auf der Weltkugel). Letztere wurde zum Vorwurf seiner (unvollendeten) Oper *Manuel Venegas*. Sie teilt mit dem «Dreispitz» das Motiv von Eifersucht und Rache, betont aber die dunklen Seiten von Gewalt und tragischem Untergang. *Das ist meiner Ansicht nach ein gefundenes Fressen für eine moderne Oper.*[382] Von den grellen Effekten, an denen der Stoff nicht gerade arm ist, hatte es Wolf besonders der brutal-veristische Liebestod der Soledad angetan, den er im Jahre 1892 seinem Freund Gustav Schur vorspielte: «In dämonischem Fieber umschlingt er die eigene Brust wie mit Eisenklammern, er keucht, stöhnt und lechzt – – ein gellender Schrei – – darauf

Hugo von Hofmannsthal

Pedro Antonio de Alarcón

tiefe Stille – – die Liebesuntat war geschehen: mit unheimlicher Anschaulichkeit hatte er gezeigt, wie die Geliebte in den Armen des Geliebten erwürgt wird.»[383] Es war kein Zufall, daß sich Wolf gerade von einem solchen Stoff den durchschlagenden Opernerfolg versprach. Seit 1891 feierte die veristische Oper «Cavalleria rusticana» von Pietro Mascagni beispiellose Triumphe auf deutschen Bühnen. Im Theater an der Wien stellte sich bald nach den ersten Erfolgen eine Parodie («Krawalleria rusticana» von Alexander Weigl und Raoul Maders) ein – das untrügliche Zeichen für die Popularität Mascagnis in der Donaumetropole. Der Mascagni-Rummel zur Zeit der «Musik- und Theaterausstellung» 1892 stellte sowohl die einheimischen Komponisten (z. B. die konzertante Uraufführung von Wolfs *Bühnenmusik zu Ibsens «Fest auf Solhaug»*) wie auch die illustren ausländischen Gäste (darunter Saint-Saëns und Tschaikowsky) in den Schatten. Die Verunsicherung, die von diesem Phänomen auf das deutsche Bildungsbürgertum ausging, ließ den Ruf nach «Neuromantik» als einem spezifisch deutschen Gegengewicht zu der eruptiven Verismo-Welle laut werden – eine Reaktion, die Humperdincks «Hänsel und Gretel», wohl auch aus Mangel an Besserem, zur erfolgreichsten deutschen Oper der Jahre nach 1890 avancieren ließ. Im Gegensatz zu Humperdinck suchte Wolf den Erfolg Mascagnis in den Schatten zu stellen, indem er sich in der Textwahl an die Verismo-Welle anhängte. Sie hatte ihn zu der Erkenntnis gebracht: *Was heutzutage nicht im Zuschnitte eines Mascagnischen Operntextes gehalten ist, scheint a priori schon dem Tode geweiht zu sein.*[384] 1896 hat Wolf diese Erfahrung am Mißerfolg seiner «Dreispitz»-Oper *Der Corregidor* auch praktisch durchgemacht, im Jahr darauf begann er einen Text zu komponieren, der sich wie eine Paraphrase des «Cavalleria rusticana»-Librettos ausnimmt. Bereits im Frühjahr 1892 waren ihm *gewisse Ähnlichkeiten mit der «Cavalleria»*, wie er vorsichtig formulierte, *sogleich*[385] aufgefallen. Dem Turridu bei Mascagni entspricht Manuel Venegas, Lola korrespondiert die Gestalt der Soledad und Alfio in «Cavalleria rusticana» spielt die gleiche Rolle wie Antonio Arregui in Wolfs späterer Oper. Der Prozession in *Manuel Venegas* entspricht die österliche Frühmesse in «Cavalleria rusticana». Beide Werke beschwören eine religiös-festliche mediterrane Atmosphäre. Der Schluß unterscheidet sich zwar, doch nicht im entscheidenden Aspekt: dem Grad der Brutalität. Wie an Mascagnis Oper, so wirkt auch an Alarcóns Novelle manches krude; etwa wenn Soledad ihre Verachtung für den Apotheker Vitriolo dadurch dokumentiert, daß sie dessen brieflichen Heiratsantrag «einem Hunde zum Fraße» vorwirft. Hugo Wolf kam derlei nur gelegen, an den von ihm 1892 zum Librettisten ausersehenen Hermann Wette schrieb er *Vor allem: laß es an starken Akzenten nicht fehlen!*[386] Für das, was Wolf vorschwebte, war der westfälische Mundartdichter jedoch kaum der richtige Mann. Hermann Wettes Frau hatte das Libretto zu Humperdincks Märchenoper «Hänsel und Gretel» verfaßt; auch er selbst hatte es

Engelbert Humperdinck

eher auf deutschen Volkston denn auf Verismo abgesehen und sandte, um seine Auffassung von gesunder volkstümlicher Tragik zu dokumentieren, ein Opernbuch «Elsi, die seltsame Magd» an Wolf. Dieses übertraf (nach Wolfs Einschätzung) *an Abgeschmacktheit alles, was bisher in diesem viel besudelten Genre geleistet worden. Als ich in schonendster Weise seine Mitwirkung ablehnte, ward er noch saugrob und schalt mich einen Ignoranten.* Die *Stümperhaftigkeit*[387] von Wettes Text verleidete ihm vorläufig nicht nur den *Venegas*-Stoff, sondern alles, was mit *der vermaledeiten Oper*[388] zusammenhing. *Ich befinde mich jetzt in sehr gedrückter Stimmung, da ich vom Schicksal ausersehen zu sein scheine, keine Oper zu schreiben. Alle meine darauf bezüglichen Pläne haben Schiffbruch erlitten.*[389] *Was anderes ist mein Sehnen und Suchen nach einer Operndichtung als ein gräulicher moralischer Katzenjammer?*[390] *Ich fange bereits an, Operntexte als Fata morgana zu betrachten, als Dinge von realer Unmöglichkeit. Wahn! Wahn! Überall Wahn! Ich will gar nichts mehr davon hören.*[391]

Magere Jahre –
«Der Corregidor» – Das Ende

Als im Dezember 1891 der Strom der Eingebungen für – wie sich heraus-
stellen sollte – mehr als drei Jahre versiegte, bedeutete das für Wolf, der
sich nur aushielt, wenn, weil und indem er komponierte, eine Katastrophe. *Was ich unter diesem anhaltenden Müßiggang leide, kann ich gar nicht
beschreiben! Am liebsten möchte ich mich an dem ersten besten Ast der
jetzt in vollster Blüte stehenden Kirschbäume aufhängen. Dieser wundervolle Frühling mit seinem geheimnisvollen Leben und Weben schikaniert
mich unsäglich. Dieser seit Wochen andauernde ewig blaue Himmel, dieses
kontinuierliche Keimen und Sprossen in der Natur, diese schmeichelnden
Lüfte, geschwängert von Frühlingssonne und Blütenduft, dieses «ich sehne
mich und weiß nicht recht nach was» machen mich rasend. Ringsum dieses
verwirrende Drängen nach Leben, Gebären, Gestalten – und nur ich, wie
der unscheinbare Grasboden doch auch ein Geschöpf Gottes, darf an diesem Fest der Auferstehung nicht teilnehmen, nicht anders doch, denn als
neid- und gramverzehrter Zuschauer. In mir ist alles wie erstorben, nicht
der leiseste Ton will erklingen, still und öde ist es in mir geworden, wie auf
einem beschneiten Leichenfelde.*[392] *Im übrigen ist mir alles Musizieren bei
meiner jetzigen Verfassung ein Gräuel, und wenn ich je das Instrument
berühre, so klingt mein ganzer Katzenjammer mir daraus entgegen.*[393] *Es
ist wie verhext. Ebensogut könnte ich plötzlich chinesisch zu sprechen an-
fangen, als nur irgend etwas zu komponieren. Es ist gräßlich.*[394] *Dieses
endlos lange Pausieren macht mich schon vollkommen blöd.*[395] *Es gibt
überhaupt nur wenig Erfreuliches für mich auf diesem verrückten Plane-
ten; es wäre mir gerade recht, wenn ein wildgewordener Komet ihm einen
tüchtigen Nasenstüber versetzte, daß er in tausend Stücke zerschellte. Hat
doch der Spaß dann ein Ende.*[396]

Den Sommer über zog sich Wolf meist in ein *Zimmer im Pfarrhof*[397] von
Traunkirchen (Salzkammergut) zurück, um *die Existenz einer Auster*[398]
zu führen: *So bin ich wenigstens vor den Menschen sicher. Diese Sicherheit
empfinde ich dankbar und wünschte nur, daß es noch lange so bliebe.*[399]
Hugo Wolf wurde zunehmend reizbar; als besonders infam empfand er
die akustische Belästigung durch Christen und Vögel. *Derweil ich diese
Zeilen schreibe, ist just wieder große Brüllerei in der Kirche nebenan. Ich
bin schon ganz toll davon. Am Pfingstmontag war vier mal Messe!*[400]

Werden Sie's glauben, daß mir Traunkirchen und zumal der Pfarrhof gera-
dezu verhaßt geworden ist wegen des Vogelgesanges? Sie können es sich gar
nicht vorstellen, was ich unter diesem vermaledeiten, eintönigen, in stets
wohlgezählten kurzen Pausen sich wiederholenden Gezwitscher der Fin-
ken zumal zu leiden habe. Daß meine Nachtruhe von 3 Uhr morgens an zu
Ende ist, wäre noch nicht das Schlimmste. Aber den ganzen lieben langen
Tag dieses verfluchte Tirili anzuhören und machtlos dagegen sein zu müs-
sen ... Ich bin es meiner Gesundheit schuldig einen ruhigen Ort aufzusu-
chen, da mein ohnehin stark angegriffenes Nervensystem solchen beharrli-
chen Attentaten auf längere Dauer nicht mehr standhalten würde und ich
tatsächlich fürchten müßte, verrückt zu werden, wenn ich noch länger hier
verweilen wollte.[401]

Auch im Jahre 1894 wollte sich die ersehnte Produktivität nicht wieder
einstellen. Wolf unternahm Konzertreisen (*Ich fühle mich schon ganz als*
Musikreisender, fast etwas amerikanisch angehaucht[402]) nach Berlin,
Stuttgart, Tübingen und Graz, *wo die Begeisterung für meine Sachen gera-*
dezu epidemisch zu werden beginnt[403]. *Und was das Sonderbarste: dies*
alles geschieht ohne Patent und angemaßte Würde, ohne Gleisnerei und
Augenverdrehung, ohne das unumgänglich notwendige Erlösungsbedürf-
nis, kurz ohne Wagner-Zweig-Verein, ja sogar ohne den höchsten Bayreu-
ther Segen!! Glauben Sie, daß man ohne ihn überhaupt Künstler, Zeitge-
nosse, Mensch sein kann? Der Wiener Wagnerverein, der sich von dem
Abwendigen abgewendet, hat mir Muße gegeben, darüber recht geflissent-
lich nachzudenken. Bei meiner angeborenen Verstocktheit jedoch wollte es
mir schlechterdings nicht gelingen, in die Fußstapfen ihres Pharisäertums
zu treten, und so wäre es mir übel ergangen, wenn nicht außerhalb der
Wagnervereine es sozusagen auch noch Menschen gegeben hätte, die auf
ihr Menschtum einigen Wert legten und Vollwertiges zu schätzen wußten.
Von der bodenlosen Borniertheit dieser Wagnerverein-Menschen sich einen
Begriff zu machen, ist keine so leichte Sache. Was nicht just an der Nabel-
schnur mit dem Wagnerismus zusammenhängt, existiert nicht für sie. Wer
Lust verspürt, sich davon loszumachen, wird als Apostat verschrieen. (Fa-
natische Antisemiten im Wiener Wagner-Verein hatten das Gerücht aus-
gestreut, Wolf sei jüdischer Abstammung.) *Glücklicherweise geht der*
Wiener Wagner-Verein seiner Auflösung oder vielmehr seiner wahren Be-
stimmung entgegen, indem er tiefer und tiefer auf das Niveau der Liederta-
fel herabsinkt.[404] Wolfs Verhältnis zum organisierten Wagnerismus war
denkbar gespannt. Er, der stets gegen *die absurde Wagner-Nachäfferei*[405]
seiner Zeitgenossen zu Felde gezogen war, lehnte es nachdrücklich ab,
sich als «Wagner des Liedes» vereinnahmen zu lassen. Dieses Etikett war
von dem Wiener Kritiker Theodor Helm in Umlauf gesetzt worden. In
einer enthusiastischen Rezension der *Mörike-Lieder* hatte Helm ge-
rühmt: «Wolf hat als der erste unter allen schaffenden Musikern der
neuen Zeit das Wagestück vollbracht, den in den letzten Bühnenwerken

Wagners herrschenden musikalischen Stil mit seltener Folgestrenge auf das einstimmige Lied mit Klavierbegleitung zu übertragen.»[406] *Der Henker lohne ihm einen solchen Freundesdienst.* Helm ließ sich davon nicht beirren, und Wolf firmierte in den Rezensionen weiterhin als «Wagnerischer Liederkomponist» – ein Titel, der ihm *Ärger genug* bereitete, *wie*

alles, was aus der Feder dieses Idioten floß. Ich hatte daher nichts Eiligeres zu tun, als den Wisch sofort in den Ofen zu stecken, obwohl ein gewisser Ort verbunden mit einer gewissen Aktion sich besser dafür geeignet hätte.[408]

In den Wagner-Vereinen dominierten die *Bayreuther Mucker*[409], denen *die Kunst mit Wagner und Liszt ihr Ende erreicht zu haben* schien. *Diese Leute sind unverbesserliche Philister, denen auf keine Weise beizukommen ist.*[410] Der Glaube, daß die «Musik der Zukunft» sich nur in zwei großen Formen, dem Musikdrama und der symphonischen Programmusik entfalten könne, war innerhalb der Neudeutschen Schule kanonisch. Die Huldigungen, die aus dieser Richtung an einen Liedkomponisten ergingen, enthielten zweifellos ein Moment von Geringschätzung, das Wolf um so schmerzlicher traf, als er selbst sich nach den großen Formen, zumal der Oper sehnte. Daß Wolf den unsäglichen Stilwillen zur Monumentalität, der Musik und bildende Kunst des späten 19. Jahrhunderts bestimmte, als implizite Kritik seines Schaffens empfand und darunter litt, geht aus einem Brief vom Oktober 1891 hervor: *Wahrlich, mir graut schon vor meinen Liedern. Die schmeichelhafte Anerkennung als «Liederkomponist» betrübt mich in die innerste Seele. Was anders will es denn bedeuten, als eben einen Vorwurf, daß ich immer nur Lieder komponiere, daß ich doch nur ein kleines Genre beherrsche.*[411] Als Wolf knapp zwei Monate später Paul Heyses *Auch kleine Dinge können uns entzücken* vertonte und an die Spitze seines reifsten und vollendetsten Zyklus, des *Italienischen Liederbuchs*, stellte, war das mehr als eine geistreiche Anspielung: fast ein Programm.

Von den offiziellen Nachlaßverwaltern Wagners in Bayreuth ignoriert, von der konservativen Presse attackiert, hat Wolf immer wieder mit dem Gedanken kokettiert, seine Kunst einem kleinen, elitären Zirkel vorzubehalten. Er und *Bruckner* seien eben *viel zu exklusive für die Masse, wie überhaupt jede wahrhaft bedeutende Erscheinung in der Kunst*[412]. *Das sogenannte Publikum ist mir Hekuba. Wäre ich ein reicher Mann, ich würde meine Sachen gar nicht veröffentlichen, sondern nur für mich und meine engsten Freunde schreiben. Das Publikum verdient es ja gar nicht.*[413] *Wenn ich mir vorstelle, daß solche Mißgeburten über ein Kunstwerk zu Gericht sitzen und breitmäulig ihr Urteil ausquatschen, könnte einem wahrlich die Lust vergehen, fürs Theater zu schreiben.*[414] *Leute von meiner Art sind auf die Zukunft angewiesen und dann vervollkommne ich mich in der größten aller Künste – in der Kunst des Abwartens.*[415] *Wenn ich einmal krepiert sein werde, dann wird sich was aus meinen Sachen herausschlagen lassen.*[416] Die Ignoranz, mit der ein großer Teil der Kritik seinem Werk begegnete, die *bodenlose Indolenz* und *schwammige Gutmütigkeit*[417] des Publikums, die Aussichtslosigkeit, in Wien ein Auskommen zu finden, verbitterten Wolf im Lauf der neunziger Jahre zunehmend. *Dieses Wien mit seinen stumpfsinnigen Insassen mutet mich wie ein monströser Hagenbeck an.*[418]

Es kommt mir so vor, als müßte ich hier geistig zugrunde gehen. Hier gilt es vor allem zu flunkern und Sensationen zu machen. Die Unterirdischen, Bohrenden, Grabenden, Untergrabenden, mit Nietzsche zu reden, mögen sich immerhin abmühen; sie werden nicht beachtet, weil man eben keine «Augen für solche Arbeit der Tiefe» hat. Es gehört wahrlich ein Nietzsche's Selbstvertrauen dazu, bei so bewandten Umständen ruhig der eigenen «Morgenröte» entgegenzuharren.[419] Die Gründe der Ablehnung, auf die Wolfs Musik gerade in Wien stieß, reichen hinter den Brahms–Wagner-Parteienstreit der Jahre nach 1870 und 1880 zurück in die jahrhundertealte Vorherrschaft der italienischen Oper in der Donaumetropole, jene «wienerische Italianità», deren Melodiebegriff sich wesentlich von der Möglichkeit des Nachpfeifens herleitet: die bequem faßliche Oberstimme. So lagen auch die Schwierigkeiten Wolfs, geeignete Interpreten für seine Lieder zu finden, keineswegs nur in seiner persönlichen Unleidlichkeit, sondern mindestens ebensosehr in der Sache selbst begründet. In den Gesangslinien verwendet Wolf Intervalle, wie sie das vorhandene Liedgut den Sängern kaum zugemutet hatte: Tritonus (Sprung über drei Ganztöne), Septime, verminderte Quarte, verminderte Quinte und übermäßige Sekunde. *Auch deshalb wurden immer nur die «Melodiösen» von mir gesungen. Vor den «Charakteristischen» haben die Leute noch große Angst. Das Charakterlose gefällt ihnen eben besser.*[420] Die Liedsänger des 19. Jahrhunderts konzentrierten sich, wie alte Aufnahmen zeigen, in der Wortartikulation auf die Konsonanten, vor allem die Endkonsonanten der einzelnen Phrasen, während die Vokale bis zur Unverständlichkeit des Wortes zu einem einheitlichen Klang umgefärbt wurden; die Sprache wurde zugunsten des musikalischen Ebenmaßes und vor allem der gesanglichen Schönheit vernachlässigt. In Wolfs Liedern ist erstmals die an Wortbedeutung und Satzmelodie orientierte Artikulation das zentrale Ausdrucks- und Gestaltungsmittel des Liedgesangs: ein Sänger, *der nicht auch deutlich spricht,* war nach Wolfs Ansicht *höchstens gut, Solfeggien oder Jodler zu singen.*[421] (Dennoch war für ihn, der jede Vernachlässigung der Deklamation als *Kinderlallen*[422] monierte, ein bloßes Textsprechen alles andere als das Interpretationsideal. Vielmehr müsse der Interpret *den Sänger mit dem Deklamator ... vereinigen.* Wer *in seinem Übereifer so weit* gehe, *gar nicht zu singen, nur zu deklamieren*[423], zerstöre die komponierte Wort-Ton-Phrase, die ein Wolfsches Lied von einem Melodram unterscheidet.) Nicht die gesangliche Schönheit zählte für Wolf, sondern die Intensität des Ausdrucks, die höchste Differenzierung des Vortrags, *die zwingende Wahrheit einer vollkommen künstlerischen Leistung*[424] – wenn anders nicht zu verwirklichen auch um den Preis der Schönheit. *Ich bin nun einmal ein Mensch von den radikalsten Grundsätzen und Anschauungen. Oberstes Prinzip in der Kunst ist mir strenge, herbe, unerbittliche Wahrheit, Wahrheit bis zur Grausamkeit.*[425] *Was soll mir eine schöne Stimme? Schöne Stimmen sind kalte Schönheiten, blendender Marmor.*

Verwandelt sich derselbe in Fleisch und Blut, verrät er Herz und Seele, dann wollen wir uns auch recht gern ein Drittel Rabatt von der kalten Schönheit gefallen lassen.[426] Konsequent stellte Wolf einmal bei einer Sängerin fest: *Ihre Stimme tönt nicht angenehm; im Piano heiser, im Forte schrill,* und resümierte dann: *Sie gefällt mir, denn ihr Gesang ist ausdrucksvoll.*[427] Mängel in der Darstellung des Komponierten beurteilte er hingegen gnadenlos. Als Begleiter seiner Lieder war Wolf geradezu gefürchtet, weil er jede Unzulänglichkeit wie einen moralischen Fehltritt bestrafte. Von seinem Verleger verlangte er, *auf jedem Heft* eine *Warnungstafel* anzubringen, *daß eine Wiedergabe ... nur mit Bewilligung des Autors gestattet sei ... Mir ist es nämlich gar nicht egal, ob der erste beste Kretin meine Sachen öffentlich verhonigelt, und wenn etwa eine Berühmtheit sich daran vergreifen sollte, kann ich ihr diesen Spaß gründlich versalzen.*[428] *Ich kenne diese illustre Sängerbagage. Wenn sich diese hohen und höchsten Herrschaften ausgegröhlt haben, dann kommen sie zu mir, dann wär' ich ihnen gut genug – aber Hand von der Taschen – dann gibt's von meiner Seite nur Fußtritte und Rippenstöße.*[429]

Im Jahre 1894 lernte Wolf eine Sängerin kennen, die ihm als ideale Interpretin seiner Lieder erschien: die Mezzosopranistin Frieda Zerny, Schülerin des bedeutenden Gesangspädagogen Julius Stockhausen. *Um Ihnen einen recht deutlichen Begriff von der seltenen Art ihrer Begabung geben zu können, sei nur des «Ersten Liebesliedes eines Mädchens» im Mörike-Bande Erwähnung getan. Diesem Stück komprimierter Leidenschaftlichkeit und ungezähmter Gefühlsausbrüche, dem noch jede Sängerin scheu aus dem Wege ging, hat sie Töne und Akzente abgewonnen, die einem das Blut erstarren machen können. So etwas muß man erleben, beschreiben läßt sich's nicht.*[430] *Außerdem ist sie jung und schön, und*[431] *so fürchte ich sehr eine Dummheit zu begehen und mich schnurstracks in sie zu verlieben. Das fehlte nur noch zu all meinem Pech. Nun, hoffentlich wird alles glatt vorübergehen.*[432] Diesen Ton halb abwehrenden, halb lauernden Kokettierens mit dem vermeintlichen (Un-)Glück wählte Wolf in seinen brieflichen Mitteilungen immer dann, wenn es ihm mit einer Weichenstellung seines Lebens bitter ernst war. Als er sein zweites Mörike-Lied komponiert hatte, schrieb Wolf an Edmund Lang: *Bin ich ein Berufener? bin ich am Ende gar ein Auserwählter? Gott verhüte das letztere. Das wäre mir eine schöne Bescherung.*[433]

Das Zurückweichen, so gründlich es Wolf in beiden Fällen mißlang, war nicht nur ironisch gemeint. Der Unernst der Diktion maskiert zweierlei: den Ernst des Hingezogenseins, aber auch ein Moment des Zurückschreckens. Wolf empfand zuweilen Angst vor der eruptiven Gewalt seiner genialen Begabung (*weil die Kunst ein Vampyr ist, der an unserem besten Lebensmark saugt, wenn wir in ihrem Dienste stehen*[434]), aber auch vor einer erotischen Bindung, die unweigerlich an das Trauma von 1881 rühren mußte. War er damals entschlossen, *der dunstigen schwülen At-*

Gedicht Frieda Zernys auf der Rückseite ihrer Fotografie

mosphäre, in der ich bis annoch gelebt[435], für immer zu entfliehen, so war ihm nun, im Mai 1894, *als wäre die ganze Atmosphäre geschwängert von dem zauberhaften Duft, den Deine Nähe sonst ausgeströmt und mich, von süßen Schauern Betäubten, Deinen magischen Netzen unrettbar verfallen ließ*[436]. *Wie zieht es mich hin zu Dir – in Deine Arme, an Deine Brust, wo Leben oder Tod – gleichviel, was von beiden – mich lieblich und wonnevoll umfangen sollen. Herz, ich kann nicht weiter schreiben – die Aufregung tötet mich beinah!*[437] *Wird es dann noch gewaltsamer Mittel bedürfen, Leib und Seele zu trennen? Das Räderwerk der menschlichen Maschine wird*

Frieda Zerny

*dann freilich intakt bleiben und ich werde gleich einem Eisenbahnzug teil-
nahmslos und gleichgültig bald langsamer, bald geschwinder, da und dort
Station einhaltend, an Land und Leuten vorübersausen, bis der endliche
Zusammenstoß eintritt, der Allem den Garaus macht.*[438] Hier sind Diktion
und Inhalt der Jugendbriefe nach dreizehn Jahren zurückgekehrt. In
Frieda Zerny sah Wolf eine zweite Vally Franck, die ihn zu einem (nach
den manischen Schüben von 1878 und 1888) dritten *Lodi im Lied*[439] inspi-
rieren sollte: *Wie Du weißt, ist der Quell meines Schaffens seit einigen
Jahren geradezu versiegt. Was diese grauenhafte Wahrnehmung für mich*

zu bedeuten hat, ist gar nicht zu beschreiben. Seitdem führe ich eine Frosch-existenz und zwar nicht einmal die eines lebendigen, sondern eines galvani-sierten Frosches. Zwar scheine ich zuweilen wohl heiter und guter Dinge, rede auch mitunter ganz vernünftig und es sieht gerade so aus, als fühlte ich mich weiß Gott wie wohl in meiner Haut, indes die Seele ihren Todesschlaf hält und das Herz aus tausend Wunden blutet. Was mich einzig in dieser Kümmernis noch aufrecht hält, ist die Liebe zu Dir ... von ihr erhoffe ich Rettung aus der unwürdigen Schmach, zu der mein unseliger Zustand mich immer noch verdammt. Deine Liebe zu mir soll der Himmelsbogen sein, welcher die schwarze Wolke an meinem Lebenshorizonte verscheuchen soll.[440] Frieda Zerny hatte eine Anzahl Gedichte geschrieben, die Wolf sich *so oft vorsagen* wollte, *bis die Laute doch endlich zum Erklingen kommt*[441]. Als die «Erlösung durch das Weib» (Wagner) ausblieb, rückte Wolf zwar nicht plötzlich, doch unverkennbar von Frieda Zerny ab; zur Begründung schrieb er, daß *sich unsere Liebe nicht als machtvoll genug erweist, diese Schrecken* (die Inproduktivität) *zu bannen,* deshalb *bin je-denfalls ich der leidendere Teil, denn mit der Hinfälligkeit dieses süßesten und stärksten Trostes muß ich ja in einen Zustand völliger Hoffnungslosig-keit versinken.*[442]

Die zweite Jahreshälfte 1894, die letzten Monate vor dem großen prä-paralytischen Schaffensschub, war – vergleichbar dem Herbst 1887 – von depressiven Stimmungen überschattet. *Ich bin in letzter Zeit so menschen-und kopfscheu geworden, daß mich vor mir selber ein Grauen über-kommt.*[443] *Demnächst werde ich in eine jener famosen Höhlen kriechen, die in letzter Zeit so viel von sich reden gemacht haben. Dort möchte ich mich vergraben und vor der Welt verbergen.*[444] *Ich bin jetzt bestrebt, die Kunst zu erlernen, mir selber nicht zur Last zu fallen, denn unter allen Lasten, die ich schon getragen, dünkt mich meine eigene die schwerste. Diesem Druck zu entfliehen wird meine nächsten Aufgabe sein; es fragt sich nur noch um das Wie.*[445] *Einstweilen erwarte ich von meiner Trösterin und treuen Gefährtin Einsamkeit die sehnlichst erwünschte Heilung.* Wie stets in solchen Krisenzeiten zog sich Wolf in autistische Tagträumereien zurück. *Ich habe so lange hindurch mich mir selbst entfremdet und eine Scheinexistenz geführt, daß ich dem Drange nicht widerstehen kann, eine Entdeckungsreise in meine andere Welt zu machen, eine Welt, so gänzlich verschieden von der, welche bisher mein Sinnen und Trachten gefangen hielt. Kurz, ich will es versuchen, «zum Abgrund der Betrachtung» nieder-zusteigen,* in *die wundervolle Stille mit ihrem dämonischen Zauber, ihren unergründlichen Tiefen, ihren traulichen Schattenwegen, ihren Traum-labyrinthen.*[446]

Anfang November spürte Wolf Anzeichen wiedererwachender Pro-duktivität und zog sogleich nach Perchtoldsdorf. *Es ist dasselbe Zimmer, das ich seinerzeit bewohnt. Hoffentlich kommt dort der alte Geist in neuer Weise über mich und beginnt dort eine glückliche Schaffensperiode.*[447] Am

nebligen 8. November erlebte Wolf ein morgendliches Naturschauspiel, das er auf seine eigene seelische Verfassung bezog: es habe ihm die *alte Zuversicht wiedergegeben.* In Anspielung auf die Worte Mignons «Kennst du den Berg und seinen Wolkensteg? / Das Maultier sucht im Nebel seinen Weg» schrieb er darüber: *Mit einem zerriß der Nebel und eine Flut von Licht und Wärme strahlte vom Himmel herab. Ich hätte vor Lust nur so aufschreien mögen. Möge dieses siegreiche Durchdringen der Frau Sonne von symbolischer Bedeutung auch für mich, das Maultier im Nebel, sein.*[448] Nach einigen Wochen hielt Wolf die Kälte im Werner-Haus jedoch nicht mehr aus und kehrte nach Wien zurück, wo er Zeuge der Premiere von Humperdincks Märchenoper «Hänsel und Gretel» wurde, die, obwohl erst ein Jahr zuvor fertiggestellt, in einem wahren Triumphzug bereits mehr als 50 Bühnen erobert hatte. Die Wiener Aufführung versetzte Wolf in höchste Erregung, «dies um so mehr, als er damals gerade nach einem neuen für ihn geeigneten Operntext sehnsuchtsvoll Ausschau hielt»[449]. *Ich schreie nun schon 10mal ärger als der biblische Hirsch nach Wasser, nach einer komischen Oper.*[450] Die ganze Nacht «bis zum Morgengrauen» konnte er sich nicht beruhigen. «Von allen Seiten erörterte er nun Hum-

Rosa Mayreder

perdincks Wahl des Stoffes und die Art, wie er ihn bearbeitet hatte; einzelne Schönheiten hob er hervor und zergliederte ihre musikalische Wirkung; aber auch, was ihm banal und uninteressant erschien, besprach er eingehend.»[451] *An der Musik ist wohl nicht viel, aber das Ganze wirkt doch bedeutend, vornehmlich wegen des Stoffes und nicht zum wenigsten wegen der schönen Dekorationen. Ich gönne ihm von Herzen seinen Erfolg, der ihn in Kürze zum reichen Manne machen wird.*[452] «Dann erging er sich in Betrachtungen, welche Vorwürfe sich für die musikdramatische

Behandlung und insbesondere für seine besondere Art eigneten und welche nicht.» [453]

Nun lösten sich auch Wolfs Opernbuch-Probleme mit verblüffender Schnelligkeit. Der präparalytische Schaffensdruck hatte sich bereits Wochen vor der «Hänsel und Gretel»-Aufführung bemerkbar gemacht; es könnte jedoch sein, daß Wolfs Traum, die Musikbühne zu erobern, durch den *enthusiastischen Erfolg* von *Humperdincks Oper* [454] in besonderer Weise akut geworden ist. Die Wendung, die Wolfs Schaffensbiographie in den folgenden Wochen nahm, wäre dann keineswegs so mirakulös, wie er sie in einem Brief vom 18. Januar 1895 beschrieben hat: *Ein Wunder, ein unerhörtes Wunder ist geschehen. Der langersehnte Operntext hat sich endlich gefunden; fix und fertig liegt er vor mir, und ich brenne nur so vor Begierde, mich an die musikalische Ausführung zu machen. Sie kennen doch die Novelle «Der Dreispitz» von Pedro de Alarcón.* Die Frauenrechtlerin und Journalistin *Rosa Mayreder, eine mir seit Jahren bekannte, geniale Frau* [455], hatte bereits 1890 ein «Dreispitz»-Libretto (dessen Titel in *Der Corregidor* geändert wurde) verfaßt, das Wolf damals jedoch nicht zu interessieren vermochte. Wolf forderte von einem guten Opernbuch vor allem *Zeichnung und psychologische Ausgestaltung: Die Personen haben in den Vordergrund zu treten, und zwar in größtmöglicher Deutlichkeit.* [456] Zu Recht sah er nun, im Januar 1895, in Rosa Mayreders Libretto einen Versuch, das Schema der Typenkomödie zu durchbrechen. Daß es diesem Versuch im Schlußakt an Konsequenz mangelte, konnte oder wollte Wolf im Schaffensdruck des präparalytischen Stadiums nicht wahrnehmen. Brieflich jubelte er, Rosa Mayreder habe *das Kunststück fertiggebracht, die Novelle in ein äußerst wirkungsvolles Opernbuch umzuwandeln und sich künstlerisch auf der Höhe des Dichters zu halten* [457]. *Ich habe ein unbegrenztes Vertrauen in die poetische Kraft meiner Verbündeten* ... [458]

Hugo Wolf war zunächst unsicher, *wie ich mich dem* Buch *gegenüber verhalten soll, ob der Text durchkomponiert, oder zum Teil melodramatisch, oder rezitativisch komponiert werden soll.* Obwohl er den alten Nummern-Schematismus jedenfalls vermeiden wollte, schien ihm *das sogenannte Durchkomponieren* nach Wagners Vorbild *eine äußerst schwierige und gefährliche Sache zu sein. Man riskiert allzu leicht, langweilig zu werden. Wagner hat diese Kunst allerdings aus dem ff verstanden, d. h. nicht das Langweiligwerden, sondern das Durchkomponieren, aber Wagner ist eben Wagner. Wir armen Leute kochen mit Wasser und dürfen uns nicht jeden Luxus erlauben. Na, hoffentlich komme ich über dieses verfluchte Dilemma bald hinaus.* [459] Tatsächlich begann Wolf mit geschlossenen, dem Lied nahestehenden Einzelnummern: dem Nachtwächterruf *Ave Maria purissima* zu Beginn des 4. Aktes (12. März 1895) und dem Lied vom spanischen Wein *Ich habe dich zum Beistand gewählt* aus der 8. Szene des 2. Akts (22. März). Auch durch die Übernahme zweier

Handschrift. Beginn des Vorspiels zu «Der Corregidor»

Stücke aus dem *Spanischen Liederbuch* (*In dem Schatten meiner Locken* und *Herz, verzage nicht geschwind*) hat Wolf ein Moment geschlossener Form in die Oper getragen. Doch dann entschied er sich, die Szenenmusik ohne gesprochene Dialoge durchzukomponieren, den einzelnen Personen Leitmotive zuzuordnen und diese quasi «symphonisch» zu verarbeiten. Dieses Verfahren verbindet sich jedoch immer wieder mit dem Rückgriff auf historische Formmodelle wie Passacaglia (1. Akt, 1. Szene) und Kanon (2. Akt, 2. Szene). Auf das stilistische Vorbild für diese Verbindung von Altem und Neuem hat Wolf selbst hingewiesen: *Er* (Karl Mayreder) *soll ja nicht verabsäumen, die «Meistersinger» sich recht sehr zu Gemüte zu führen, selbst auf die Gefahr hin, daß er mir jetzt auf die Schliche kommen wird,* schrieb er am 1. Juni 1895 an die Textdichterin. *Ja, der Alte Zauberer hat's uns Jungen angetan und wohl uns, daß wir solche Pfade wandeln dürfen.*[460] Zwei Monate zuvor hatte Wolf in Perchtoldsdorf die Arbeit an der Szenenmusik begonnen; er fühlte sich *über allen menschlichen Begriff glückselig*[461] in *dem tiefen Frieden, der mich hier umgibt, der mich den so schmerzlich entbehrten Wonnen der Einsamkeit wieder in die Arme führt, der mich mir selber wiedergibt. Dieses unbeschreibliche Gefühl der völligen Abgeschlossenheit wirkt geradezu betäubend auf mich ein; fast fange ich an, vor mir selber mich zu fürchten, denn es will mir scheinen, als wäre ich in der kurzen Zeit meines Hierseins ein anderer geworden.*[462] *Ich glaube ... es ist wieder eine neue Haut mir gewachsen, denn meine jetzige Musik ist schon wieder anders, als die frühere. Ha, Sie werden noch Augen machen.*[463] *Die Musik zum Corregidor stellt wohl alles in den Schatten, was bis jetzt aus meiner Feder geflossen.*[464] *Heute* (16. April) *kommen mir die allersublimsten Einfälle. Ich weiß gar nicht mehr, wie ich ihrer Herr werden soll.*[465]

Die physische Reizbarkeit Wolfs hatte mit Eintritt in das präparalytische Stadium in beängstigender Weise zugenommen. Seit dem 25. Mai 1895 hatte er während des Komponierens stets ein Jagdgewehr am Schreibtisch lehnen: *Heute habe ich einen Finken, der mich scheußlich malträtierte, totgeschossen. Als ich den armen Kerl tot daliegen sah, überkam mich doch eine große Beklemmung und ich wünschte lebhaftigst, er wäre am Leben geblieben.*[466] Zwei Wochen später notierte er: *Mittlerweile war ich in die traurige Notwendigkeit versetzt, noch ein paar gefiederten Störenfrieden den Garaus zu machen. Ach, man gewöhnt sich an alles.*[467] Am 8. Juni war die große Szene des Lukas im 3. Akt vollendet. *Als ich sie mir heute vorspielte, war ich dergestalt erschüttert davon, daß ich vor Grausen und Ergriffenheit abbrechen mußte. Die Welt wird daran was erleben!*[468] *Die Stelle «Lachen würden sie, ja lachen»* (Takt 14 f des Monologs) *wird alle Leute schaudern machen. Ich bin da auf ganz neue Sachen gekommen.* Das intendierte *Schaudern*[469] läßt erkennen, daß Wolf sich von seinem ursprünglichen Konzept einer heiteren Oper immer mehr entfernte. Meinte er am 18. Januar 1895, das Textbuch sei Vorwurf für *die komische Oper par excellence*[470], so entschied er kurz vor Beendigung des Werks, am 28. November: *Die Bezeichnung «komisch» fällt weg. Einfach nur Oper, denn für eine komische Oper ist «Der Corregidor» doch zu tragisch.*[471]

Hugo Wolf gedachte mit seiner Oper *den großen Wurf zu tun, der über*

Schloß Matzen

mein künftiges Schicksal entscheiden soll[472]. Der alte Wagner-Traum vom
Ruhebett ganz aus Samt und Seide[473] hatte ihn, den in kleinbürgerlicher
Enge Aufgewachsenen, niemals losgelassen. *Mit aller Macht drängt es
mich, den Wirrsalen meiner jetzigen Verhältnisse zu entfliehen, der mich*

110

Das Jägerhäusl im Schloßpark von Matzen, in dem Wolf den größten Teil des «Corregidor» komponierte

Gedenktafel am Jägerhäusl von Franz Seifert

umgebenden Stickluft zu entweichen.[474] *Mit der Zeit ... wenn die Tantiemen in Strömen zufließen werden (möchte diese Zeit nicht allzu fern sein!) wird sich auch der Luxus einfinden und der Komfort.* In einem Brief an seine Mutter beschrieb er die Luxusartikel, die er sich von den Einnah-

Oskar Grohe

men seiner Oper anschaffen würde, die *Divans und Fauteuils,* schwärmte von *Teppichen, Bildern, Palmen und all dem Teufelszeug, das eine Wohnung erst behaglich macht*[475]. *«Ja, das sollst du mir bezahlen!» Das wird meine Devise den Verlegern gegenüber künftig sein.*[476] *Die Zeit ist noch nicht da, wo es mir zukommen wird, Bedingungen zu stellen. Sie wird aber kommen und – wehe dann den Herren Verlegern! Wehe! Wehe!*[477] Hugo Wolf war überzeugt, *Der Corregidor* müsse das Publikum in jene Euphorie versetzen, in die er sich während des Komponierens gesteigert hatte. *Über die Wirkung der Oper seien Sie nur ganz beruhigt. Die Leute werden beim ersten Anhören sofort Kopf stehen vor Vergnügen. Ich sage Ihnen nur das eine: Mascagni, Leoncavallo und der dritte, aber schwächste im Bunde, der fade Humperdinck, diese drei Helden des Erfolges, werden zittern und erblassen, wenn der Corregidor seinen triumphierenden Einzug auf den Theatern halten wird.*[478]

Am 9. Juli 1895 war *Der Corregidor* im Klavierauszug ohne Vorspiel fertiggestellt. *Finis coronat opus.*[479] *Dieser 4. Akt ist mein erklärter Lieb-*

112

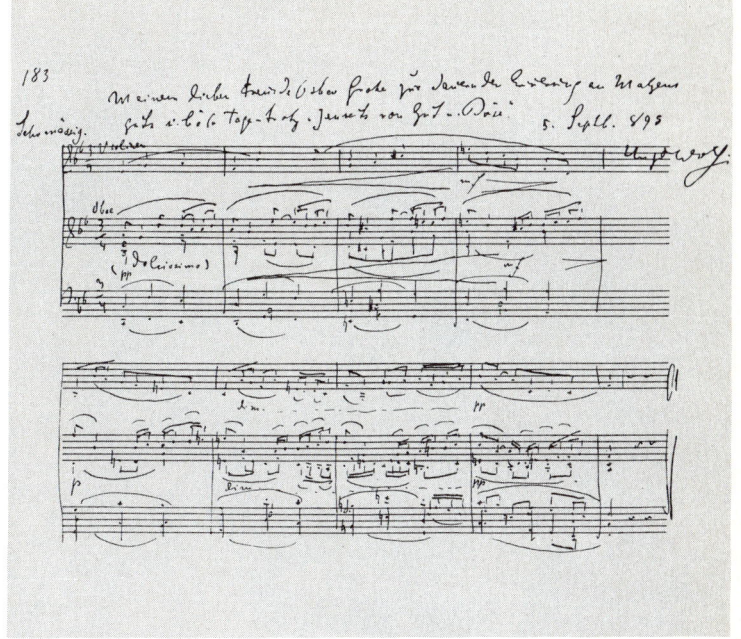

Autograph aus «Der Corregidor» für Oskar Grohe

*ling; er birgt so allerlei Kostbarkeiten, die dem Feinschmecker den Mund
wässern machen werden. Ich konnte der Lust nicht widerstehen, den ganzen Akt mir heute vorzuspielen und, wie lächerlich es auch sein mag, ich
war entzückt und hingerissen davon. Mir fiel dabei der Heine'sche Vers ein:
«Schade, daß ich ihn nicht küssen kann, / denn ich selbst bin dieser brave
Mann».*[480] Rosa Mayreder hingegen war über die Dramaturgie ihres
4. Akts keineswegs glücklich. In einem Brief an Wolf äußerte sie sich
selbstkritisch über die 5. Szene; besonders die Chor-Erzählung mit den
Zwischenreden der Duenna müsse im Interesse spannungsgeladener
Dramaturgie unbedingt eliminiert werden. Sie nahm damit eine Kritik
vorweg, die später von Theaterpraktikern und Rezensenten – mithin von
jenen, die im Musikbetrieb über das Schicksal einer Oper entscheiden –
immer *wieder von neuem aufgewerkelt*[481] wurde. Hugo Wolf reagierte auf
das Ansinnen Rosa Mayreders – der 4. Akt war zu diesem Zeitpunkt noch
nicht instrumentiert – mit Empörung: *Muten Sie mir keine Streichungen
zu. Meine Musik verträgt absolut keine Striche, denn da ist alles sowieso*

Zeichnung zum «Corregidor» von Rolf Winkler

schon aufs knappste bemessen. Wer zum Kuckuck hat Ihnen denn diesen
Riesenfloh ins Ohr gesetzt: im 4. Akt eine Kürzung vorzunehmen? Mohren-
element! Soll denn immer der verfluchte «Wahn», der im eigenen Fleisch
wühlt, Recht behalten? Nein, daraus wird nichts. Ich habe mir die Stelle
noch einmal genau besehen, und mein Gefühl, auf das ich mich felsenfest
verlasse, sagt mir, daß es gerade so gut ist und nicht anders sein kann und

darf. Schließlich handle es sich nicht um *irgendeine langweilige, ausgesponnene Geschichte von Adam und Eva her,* sondern um eine Passage voll vitaler Musik, *in raschem Tempo vorgetragen.*[482] *Da ... nun einmal ein episches Element in der Behandlung dieses Stoffes sich nicht vermeiden ließ, nun dann wollen wir uns das Recht, das wir uns nehmen, nicht verkürzen lassen durch überlieferte Schulregeln, die da dozieren, erzählt darf im Drama nichts werden. Es ist schon mit mancher Regel aufgeräumt worden, auch mit der berühmten Aristotelischen von der berüchtigten Einheit des Ortes und der Zeit und – kurz und gut, es bleibt bei der ganzen Erzählung und damit punctum.*[483]

Die gesamte zweite Jahreshälfte arbeitete Wolf *wie besessen*[484] an der Instrumentation. Mit der Komposition des Vorspiels zum 1. Akt, kurz vor Weihnachten, war das Werk vollendet. Am 19. Dezember *brütete ich in wahrer Verzweiflung über dem Stück, das nach einem längst gefaßten Plan ausgeführt werden sollte. Aber dieser Plan mochte mir nicht mehr behagen. Ich wußte nicht mehr wo aus noch ein. Da plötzlich gegen Abend kam mir ein glorioser Einfall. Eine ganz neue Melodie von unsäglicher Leidenschaft und Innigkeit fiel mir ein – und da war der Bann gebrochen. Nun ist auch der Schluß ganz anders geworden, als ich ihn ursprünglich beabsichtigte. Das Stück schließt jetzt in leuchtender Pracht, durch eine gewaltige Steigerung vorbereitet. Die Wirkung ist überwältigend. Ich bin selig.*[485]

Nach der Fertigstellung von *Der Corregidor* gönnte sich Wolf eine Ruhepause von knapp drei Monaten. *Vielleicht ist mir auch der diesjährige Frühling hold und läßt einen «leisen Harfenton» in mir erklingen. Ich habe es stark auf den 2. Band der Italienischen abgesehen*[486], schrieb er am 17. März 1896. Ende des Monats steckte Wolf bereits mitten in der Arbeit. *Ich habe heute* (28. März) *den schönen hungrigen Toni (Ich ließ mir sagen) komponiert – wie? Das läßt sich unmöglich beschreiben. Ich weiß nur das Eine, daß der Humor in der Musik erst mit diesem Lied in die Welt getreten ist. Ich selbst bin sprachlos darüber und frage mich: hast du, du wirklich diese Musik erfunden? Der Himmel weiß, wer mir diese Töne eingegeben.*[487] Am 30. April war *das 24. der italienischen Lieder geschrieben und damit die Zahl, die im vorhinein bestimmt war, wirklich erreicht*[488] – 24 Stücke, die in Qualität und Charakter bruchlos an den ersten Band des *Italienischen Liederbuchs* anschließen und *wohl zum Besten gehören, was überhaupt auf dem Gebiet der Liedkomposition geleistet wurde*[489].

Bereits am 30. Dezember 1895 hatte Wolf versucht, die soeben fertiggestellte *Corregidor*-Partitur in der Direktion der Wiener Hofoper abzugeben. Er wurde jedoch nicht vorgelassen und auf den Amtsweg verwiesen: *Man bedeutete mir, ich soll mein Werk in optima forma einreichen. Übrigens würde es in dieser Saison nicht mehr aufgeführt werden, falls es angenommen werden sollte.*[490] Als Gutachter zog man den Kritiker des «Neuen Wiener Tagblatts», Wilhelm Frey, hinzu, der 1890 allen Sängern, die Wolf-Lieder aufführten, mit Boykott durch die konservative Presse gedroht (und diesen Boykott auch praktiziert) hatte. «Das Ganze», heißt es in Freys Gutachten vom 5. Februar 1896, «ist im Genre der Operette gedacht und angelegt und eignet sich nach meinem Dafürhalten nicht für die Bühne der Hofoper.»[491] Enttäuscht und verbittert unterzeichnete Wolf am 14. Februar einen Vertrag mit dem Mannheimer Hof- und Nationaltheater. Im Mai traf er dort zu den Proben ein und meldete bereits nach wenigen Tagen, *daß mich die hiesigen Theaterverhältnisse anekeln, daß die ganze Bande vom Kapellmeister bis zum letzten Statisten nichts taugt, und daß ich die ganze Geschichte überhaupt satt habe.* Besonders empörte ihn, daß er bei den Ausführenden (*das bornierteste Volk der Welt*[492]) sehr bald *im Rufe eines maßlos arroganten Menschen* stand. *Da hört sich denn doch die Naturgeschichte auf!*[493] *Man darf das Maul nicht aufmachen, ohne Gefahr zu laufen, eins drauf zu kriegen.*[494] *Die Aufführung wird erst am 7. Juni stattfinden und zwar ganz gegen meinen Willen; lieber wäre es mir, wenn die Vorstellung ganz unterbliebe, aber dazu will niemand vom Theater sich entschließen.*[495] Obwohl Wolf überzeugt war: *Die Sache wird ein schiefes Ende nehmen*[496], gestaltete sich die Uraufführung zum Triumph. Wolf wurde vom Publikum bereits nach dem 2. Akt stürmisch gerufen, und nach dem Schlußakt auf der Bühne mit stehenden Ovationen gefeiert. Anschließend ergriff er buchstäblich die Flucht und vergaß in der Hast des Aufbruchs – unwiederbringlich – sein gesamtes Honorar, *die 200 ominösen Mark, die mir gleich einem Tantalus so oft vorgezeigt und endlich … auch ausgefolgt wurden,* in einer Schreibtischschublade. *Hol's der Teufel!*[497] Inzwischen war die Saison so weit vorgerückt, daß *Der Corregidor* nur noch einmal gegeben werden konnte. Danach verließ der Dirigent der Uraufführung das Mannheimer Hoftheater. Sein Nachfolger, selbst ambitionierter Opernkomponist, hatte (wie Wolf richtig voraussah) kein Interesse an weiteren Aufführungen: *Rezniček wird sich wohl hüten, einen Nebenbuhler sich auf den Hals zu laden.*[498]

1896 entstanden neue Gesänge nach Reinick, Byron und – im Jahr darauf – nach Michelangelo. Das zweite der *förmlich gemeißelten* Michelangelo-*Gedichte*[499] (so nannte Wolf seine «Lieder» in dem Wissen, *daß nicht jedes in Musik gesetzte Gedicht auch ein Lied*[500] ist), *Alles endet, was entstehet,* hielt Wolf *für das Beste … was ich bis dato gestümpert habe. Wenn Du vor Ergriffenheit dabei nicht Deinen Verstand verlierst, so hast Du nie einen besessen. Es ist wahrlich, um dabei verrückt zu werden, dabei von einer verblüffenden, wahrhaft antiken Einfachheit. Na, Du wirst Augen machen! Ich fürchte mich förmlich vor dieser Komposition, weil mir dabei um meinen Verstand bange wird. So gemeinschädliche und lebensgefährliche Dinger produziere ich jetzt.*[501]

Trotz der erfolgreichen Uraufführung übernahm kein einziges Theater Wolfs *Der Corregidor*. Zur Begründung hieß es, die Chor-Erzählung in der *2. Hälfte des 4. Akts* sei *trotz* der von Wolf nun doch *vorgenommenen*

Striche[502] *zu lang. Es scheint ein eigener Unstern über diesem Opus zu walten. Einstweilen bin ich entschieden dazu verdammt, den müßigen Zuschauer all den elenden Machinationen gegenüber, die gegen mich in Szene gesetzt werden, zu spielen. Die Rolle, die mir nolens volens zugeteilt wird, ist zwar nicht sonderlich amüsant, aber bei einiger Philosophie im Sinne Senecas immerhin erträglich. Meine Zeit wird schließlich auch noch kommen, nur schade, daß man inzwischen alt und griesgrämig wird.*[503] Am 19. Dezember 1896 *hatte* Wolf *das zweifelhafte Vergnügen, unter schmerzlichstem Bauchkneipen Hofkapellmeister Fuchs den Corregidor in einer der heiligen recte unheiligen Hallen* der Wiener *Hofoper vorzuspielen. Der Erfolg meiner krampfhaften Bemühungen war auch ein ziemlich zweifelhafter, da Fuchs am Schlusse sich dahin aussprach, daß der 4. Akt gänzlich umgearbeitet werden müßte, namentlich aber von da ab, wo das erzählende Moment sich breit mache*[504], *da die größeren Bühnen es nicht riskieren könnten, ein Werk mit einem dergestalt «problematischen» Schluß aufzuführen*[505]. Wolf entschied sich, *den 4. Akt ganz umzugestalten, so daß von der Erzählung keine Spur mehr übrig bleibt*[506], und diese durch eine knappe Handlung zu ersetzen. *Nun wird das verfluchte Gewäsche über Längen, stagnation usw. wohl ein Ende haben und der arme Corregidor für «bühnenfähig» gelten.*[507] Doch er täuschte sich. Im Jahre 1897 führte keine einzige Bühne die Oper auf. *Wenn das so fortgeht, werde ich demnächst ein solennes Autodafé veranstalten und meine verketzerte Partitur den neidischen Göttern opfern. Hol' der Teufel diese ganze idiotische Theaterbande.*[508]

Immerhin rückte eine Aufführung von *Der Corregidor* in Wien in greifbare Nähe. Am 16. Mai 1897 *besuchte mich der neuengagierte Kapellmeister Gustav* Mahler, *der sich lebhaft für den Corregidor interessiert und der alles aufbieten wird, mein Werk in der kommenden Saison aufzuführen*[509]. *Mahler wird den Corregidor Ende Jänner oder im Februar* 1898 *bringen. Stoll* – ein Regisseur der Hofoper – *hat sich in liebenswürdigster Weise angeboten, ein Regiebuch anzufertigen. Ich bin jetzt durch Mahlers Vermittlung mit dem Opernpersonal ziemlich bekannt geworden ... Mit Mahler verkehre ich sehr viel und sehr freundschaftlich.* Im Sommer wurden die Aussichten konkret. *Am 1. August kommt Mahler, mit dem ich mich wegen des Aufführungsrechtes und dessen Bedingungen ausführlichst besprechen werde.* Inzwischen war *Mahler zum provisorischen Direktor ernannt* worden. *In Wahrheit ist er definitiv der Nachfolger Jahns. Ist das nicht famos!? Ich bin ganz entzückt über diesen plötzlichen Wechsel.*[510] *Der Corregidor wird in der kommenden Saison nun sicherlich aufgeführt. Ich habe heute die bestimmte Zusicherung von ... Mahler (ein alter Freund von mir) erhalten. Mahler ist jetzt der Allmächtige in der Wiener Oper. Er selbst wird mein Werk einstudieren und dirigieren, was mir um so erwünschter ist, da Mahler wie kein anderer berufen ist, auf meine Intentionen einzugehen.* Hugo Wolf war überzeugt: *Ich sehe nun tatsächlich einer rosigen Zukunft entge-*

Anfang und Schluß von Gustav Mahlers Brief an seine Wiener Freundin Natalie Bauer-Lechner vom 2. September 1895: «... vor allem: Lasse dem Wolf sagen, er soll mir seine Oper einschicken [?], wenn er sie nicht anderswo unterbringen will oder kann. – Wenn es in meiner Macht steht, so werde ich die Aufführung durchsetzen; d. h. wenn sie mir aufführenswert erscheint. Letzteres brauchst du nicht zu sagen, oder kleide es in eine weniger zweifelhafte Form ein ...

Vergiß nicht den Wolf ...»

gen; brieflich schwärmte er von der *Morgenröte, die endlich über meine Existenz hereinbrechen wird.*[511]

Gustav Mahlers Versprechen gab Wolf den Mut, nun alle Energie an das Opernprojekt *Manuel Venegas* zu wenden. Wieder war *es Frau Mayreder, auf die ich «all mein Hoffen bau»*[512]. Ihr Text zum 1. Akt übertraf alle Erwartungen. *Dieser 1. Akt ist über alle Maßen herrlich gelungen und zwar in jedweder Hinsicht!*[513] *Wundervoll! Frau Mayreder verdient ein Monument dafür!*[514] *Wenn die folgenden Akte das halten, was der erste Akt verspricht, so ist seit Wagner nichts Ähnliches dagewesen. Die Mine ist gelegt, das Gewitter im Anzug. Nun mag's losgehen.*[515] Einen Monat später war *der vollständig ausgeführte Text des Manuel Venegas ... in meinen Händen.* Hugo Wolf dankte der Textdichterin unter Tränen. *Ich werde mich sofort an die musikalische Ausführung machen.*[516] *Frau Mayreder hat es meisterhaft verstanden, alles Novellistische der Erzählung in bewegte Handlung umzusetzen, um solcherweise eine herrliche Tragödie zu gestalten.*[517] Nach wenigen Wochen setzte sich jedoch die Erkenntnis durch, *der Text* sei *absolut nicht zu gebrauchen. Frau Mayreder hat eben die Sache zu leicht genommen und aus dem Roman einfach nur eine dialogisierte Novelle gemacht. Es sei ihr nicht gelungen, das epische Moment in Aktion* umzusetzen. *«Der Dichter hat das Maul zu halten» – das ist doch die erste dramatische Regel, von der aber Frau Mayreder keine Ahnung zu haben scheint.*[518]

In dieser Situation stellte sich der Hobby-Dichter Moritz *Hörnes,* hauptberuflich Kustos am Wiener Naturhistorischen Museum, mit einem *Venegas*-Libretto ein, von dem man nicht behaupten kann, es sei besser als das Rosa Mayreders – in mancher Hinsicht scheint es noch mißglückter. Hugo Wolf steigerte sich wiederum in Ekstase über *diesen Reichtum an Poesie und dramatischer Gestaltungskraft,* die *in unvergleichlicher Weise* dieses *in prangender Fülle nun dastehende ... Meisterwerk kennzeichnen;* er *konnte sich der Tränen nicht erwehren ... über die Gemütstiefe dieses herrlichen Menschen und Poeten.*[519] *Es ist einfach ein Wunderwerk.*[520] Moritz Hörnes sei *ein Meister des Ausdrucks* und *ein Poet von Gottes Gnaden*[521]. *Merkwürdigerweise beginnt in seiner Fassung die Exposition des Stückes fast ganz so wie die im Text der Frau Mayreder.*[522] *Shakespeare hätte den Stoff nicht dramatischer und zugleich poetischer gestalten können, als es durch Hörnes geschehen ist.*[523] Die Illusionen über das Libretto, denen Wolf sich zunächst hingab, hielten nicht lange vor. Obwohl er Hörnes' Klippreimerei («Wißt ich komm von Malaga, / Und bald ist er selber da») entschärfen konnte, indem er auf musikalische Zeilenkorrespondenzen verzichtete, entschloß sich Wolf zu massiven Eingriffen in den Text. Hatte er am 9. Juli mitgeteilt, Hörnes' Libretto liege in der ersten und zugleich *endgültigen Gestalt* vor und sei für ihn *unantastbar*[524], so schrieb er am Ende des Monats: *Stoßen Sie sich nur nicht an den vielen ausgestrichenen Stellen und Änderungen.* Von den rund 350 zu vertonenden Versen hat Wolf fast 100 entfernt und weitere 66 umgestaltet. *Auch sonst habe ich verschiedene Unregelmäßigkeiten im Versmaß, und Wort-stellungen, die dem musikalischen Akzent mehr entsprechen, verän-dert.*[525] *Hörnes ist verteufelt unmusikalisch.*[526] *Im ersten Akt werden wie-der textliche Änderungen vorgenommen; ich mußte deshalb die Arbeit unterbrechen.*[527] Diese gewichtigen, aber durchweg gerechtfertigten Eingriffe ließen die Komposition zunächst nur sehr langsam vorwärts-schreiten.

Am 14. September 1897 *vertiefte* Wolf sich nachmittags *in den Monolog* des Manuel – *und, o Wunder! auf einmal strömte der musikalische Quell aus allen Poren und zwar mit solcher Vehemenz, daß ich mit dem Nieder-schreiben kaum folgen konnte. Eine Strophe nach der andern nahm greif-bare Form und Gestalt an, es war mir, als schriebe ich alle Noten aus der Luft ab. Bis zum Abend war ich mit dem ganzen Monolog fertig, ein Ding, das ich nicht für möglich gehalten hätte, denn der Monolog zählt 16 lange jambische Verse.* Hugo Wolf war übermütig wie selten zuvor. *Kling, kling tönt's ... Zum Geier! Sind denn heute alle Teufel los? Ich öffne ... Foll. Na, das passiert. Dem spielte ich nun gleich auf seine Bitte 20 Seiten aus der neuen Oper vor, und es war rührend zu sehen, wie dieser Eiszapfen zuse-hends glühender wurde. Ja – ja, die Musiker werden Augen machen. Der große Monolog gehört wohl zum allerinnigsten, was bisher in der Musik geschaffen wurde.* Die Einfälle flogen Wolf nur so zu. *Ich rase wie ein Vulkan.*[528] Hatte er für die ersten 330 Takte sechs Wochen benötigt, so entstanden nun innerhalb von fünf Tagen 260 Takte. In der dritten Sep-temberwoche schlug diese letzte inspirative Phase auf ihrem euphori-schen Höhepunkt in offenen Wahnsinn um. Am 17. September erfand Wolf das *Motiv von Manuels Liebe zu Soledad*: *Brühwarm! Eben aus der Pfanne! Bin außer mir! Verkauft's mein G'wand! bin selig! rase!*[529] Kurz zuvor hatte er Mahler in seiner Kanzlei aufgesucht, um eine vertragliche Vereinbarung wegen der Wiener *Corregidor*-Premiere zu treffen, doch dieser zog – möglicherweise unter dem Druck jener Presse, die Wolfs Oper bereits 1896 torpediert hatte – sein Versprechen zurück und eröff-nete Wolf, er habe bereits eine bessere Novität für die nächste Saison gefunden, Anton Rubinsteins Oper «Der Dämon», und sie verbindlich akzeptiert. Diese Aufregung löste in Wolf den wahnsinnigen Einfall aus, durch Mahlers Entlassung den *Corregidor* an der Hofoper zu lancieren. Am 18. September behauptete er beim Mittagessen, er sei Operndirektor geworden. Tags darauf hatte er eine lange Rede an das Personal vorberei-tet, die er laut vorlas und «worin er am Ende dem Kapellmeister Mahler die Türe wies. Dabei ließ er eine diabolische Freude erkennen, den Ge-nannten nun stürzen zu können.»[530] (Die Wahnvorstellungen dieses Sep-tember-Wochenendes finden sich bereits in einer am 15. November 1885, also zwölf Jahre vor Ausbruch der Gehirnparalyse, im «Salonblatt» veröf-fentlichten Kritik Wolfs, was bemerkenswerte Aufschlüsse über den

Der Kranke

präpsychotischen Charakter seiner Persönlichkeit gibt. Damals sah Wolf sich im *Traum* als *Intendant des Hofoperntheaters.* Er beschloß, *das ganze Personal zu entlassen,* hielt eine *Ansprache,* doch der *Traum,* dessen *Hauptperson* Wolf *eine volle Nacht hindurch war,* brach damals mit einem Suizidversuch und endlichem Erwachen ab: *Da legte ich in meiner Verzweiflung selbst Hand an mich, und eben im Begriffe mich zu erwürgen, brachte mich mein gewalttätiges und ungeschicktes Hantieren – dem Himmel sei's gedankt – ins wache Bewußtsein zurück.*[531])

Hugo Wolfs Wiener Freunde beschlossen, ihn in eine Irrenanstalt einzuliefern, machten ihm weis, er müsse sich als neuer Operndirektor seinem Vorgesetzten, dem Obersthofmeister des Kaisers, vorstellen, und ließen ihn am 20. September 1897 von der «Equipage des Fürsten» (in Wahrheit der Anstaltswagen) in die Klinik bringen. Wolf fühlte sich *schändlich verraten. Sie sind auf immer ausgelöscht aus meinem Gedächtnisse.* Die Wünsche, die er sich in seinen Wahnvorstellungen erfüllte, deuten darauf hin, daß seine aggressive Haltung gegenüber dem Wiener Freundeskreis (mit Ausnahme Rosa Mayreders!) auch eine Folge des in seiner dramatischen Anlage grundlegend verfehlten Hörnesschen Operntextes war, den er nun völlig verwarf. *In meiner großen Not wurde ich auch Poet, und zwar ein ganz verteufelter Poet. Endlich – was ich so lange erstrebt! Meine künftigen Operntexte werde ich selber machen.* Die ausbrechende Paralyse zeigte das Symptombild der manisch-expansiven Form; bezeichnenderweise kreisten Wolfs Allmachts- und Größenwahnphantasien um gigantische Opernprojekte, die zum Teil auf Pläne aus früheren Lebensphasen zurückgingen. *Denken Sie nur, ich habe nicht weniger als vier Tetralogien im Kopfe, drei komischen Inhalts, und eine von einer Tragik, die jeder bisherigen Tragödie spottet.*[532] *Nach meiner Freilassung ... übersiedle ich sofort nach Luzern, wo ich mein ständiges Quartier aufschlagen werde. Von dort aus will ich mich umsehen, um ein Opernpersonal samt Orchester zusammenzutrommeln, das unter meiner Fahne alle Staaten (ausgenommen Österreich) bereisen soll, und zwar zum Behufe von Opernvorstellungen und Konzerten, wobei natürlich nur meine Werke, die Opern: Corregidor, Venegas und Penthesilea, Fest auf Solhaug, Prinz von Homburg etc. aufgeführt werden.*[533]

Zur Jahreswende 1897/98 hin ebbte der megalomanische Schub ab. Am 15. Dezember zog der Siebenunddreißigjährige ein bitteres Fazit seines Lebens, das den misogynen Zug schärfer als je zuvor formuliert: *Ich möchte Österreich noch vor dem neuen Jahr verlassen und mit dem neuen Jahr zugleich ein neues Leben beginnen. Offen gestanden graut es mir vor meiner ganzen Vergangenheit, abgesehn die seligen Stunden des Produzierens. Wie froh bin ich, alle meine bisherigen sogenannten Freunde durch mein Unglück losgeworden zu sein. Ich habe nunmehr niemanden in der Welt als nur Dich und Mayreders,* schrieb er dem Grazer Freund Heinrich Potpeschnigg. *Neue Freundschaften zu schließen, werde ich mir wohl gründlich überlegen. Von nun an werde ich alle neuen Bekanntschaften nur vom Nützlichkeitsstandpunkte aus betrachten. Vor allem werde ich mir die Weibsen vom Halse halten. Die sollen nur noch en canaille von mir behandelt werden; sie verdienen's nicht besser. Meine Freunde in Deutschland kenne ich nicht mehr. Der Wolf-Verein in Berlin soll wie der in Wien aufgelöst werden. Will doch mal sehen, ob ich vor meinen Freunden Ruhe haben werde. Ach, wie freue ich mich auf mein künftiges Einsiedlerleben! Der Gedanke, ganz allein in der Welt zu stehn, beseeligt mich bis zum Schwindel. Keine Enttäuschungen mehr zu erleben, weil ich von der Welt nichts mehr erhoffe, welche Wonne! Endlich, endlich allein für mich, oder doch nur mit Geschöpfen, die der Ausdruck meines Willens sind, denn diese Geschöpfe brauche ich zur Realisierung meiner Wünsche und Pläne. Aber ins Innerste meines Herzens soll mir niemand mehr hineingucken, Du und Mayreders, wie gesagt, ausgenommen. Samson wird keine zweite Dalila mehr finden.*[534]

Die zyklothyme Veranlagung, die durch die Krankheit enthemmt worden war, bestimmte nun ihrerseits deren Verlauf. Zur Jahreswende trat eine Remission ein; am 24. Januar 1898 konnte Wolf, scheinbar geheilt, entlassen werden. Zu seinem nicht geringen Ärger wurde er von Hörnes zur Fertigstellung des *Manuel Venegas* gedrängt. *Meine unvollendete zweite Oper reizt mich nicht im mindesten zur weiteren Ausführung.*[535] Wolf glaubte, das Libretto auch durch Korrekturen nicht mehr retten zu können, und hatte andere Pläne, zunächst eine Vertonung von Nietzsches

An den Mistral

Mistral-Wind, du Wolken-Jäger,
Trübsal-Mörder, Himmels-Feger,
Brausender, wie lieb' ich dich!
Sind wir zwei nicht eines Schoßes
Erstlingsgabe, Eines Loses
Vorbestimmte ewiglich?

Das will ich im Winter für Chor und großes Orchester komponieren. Das soll was werden! Da werdet ihr schauen![536] *Ich freue mich unsäglich auf diese Winterkampagne* (1898/99), *wo ich in ungestörter Zurückgezogenheit ganz meiner Kunst werde leben dürfen.*[537] Doch es kam anders. Im Spätsommer stellten sich endogene Angstzustände ein. Nach einem Selbstmordversuch im Traunsee wurde Wolf am 4. Oktober 1898 in der Niederösterreichischen Landesirrenanstalt interniert. Die Gehirnparalyse hatte 1897 mit einer periodischen Manie begonnen – zunächst manisch-expansiv, dann manisch-depressiv. Nach der Remission nahm die Erkrankung wiederum phasischen Verlauf. Die periodische Manie schlug zunächst in eine hypochondrische Depression um, die bis zum Frühjahr anhielt. *Schon seit längerer Zeit höre und sehe ich nichts von der schönen*

Welt. Um mich herum gibt es seit einiger Zeit nur noch mehr Ungetüme, die selbst den unerschrockensten Menschen außer Fassung bringen müßten. Kurz, mir geht es recht schlecht, ja ich finde gar keine Worte, meinen bedauernswerten Zustand lebhaft genug zu schildern. Eines ist mir bis dato immer rätselhaft geblieben, und zwar daß Niemand sich meiner angenommen und daß selbst Du, als einer meiner liebsten Freunde, mich im Stich gelassen[538], schrieb Wolf an Joseph Schalk.

Die Remission des Jahres 1899 verlief auf ungleich niedrigerem Niveau als die des vorangehenden Jahres und war auf wenige Sommermonate beschränkt. Im Herbst kehrten die Angstzustände wieder: *Die Leute, die mich umgeben, nehmen immer mehr eine drohende Haltung gegen mich ein. Meine Lage ist wahrlich nicht beneidenswert und zwar um so weniger, als es mir gar nicht gelingt, mich irgendwie verständlich zu machen. Man will mich einfach nicht verstehen.* Hugo Wolf erwartete im Diesseits wie im Jenseits *die schrecklichsten Martern. Man hätte mich überhaupt in keine Irrenanstalt bringen sollen und alles wäre anders geworden. Wie sich meine Zukunft gestalten wird? Ich darf daran gar nicht denken. Kein Wasser, kein Getränk, überhaupt vielleicht gar keine Flüssigkeit wird mir zukommen und ich werde jammervoll verschmachten, abgesehen von den anderen Qualen, die mir zugedacht sind. Gott im Himmel möge mir's vergeben, wenn ich je wissentlich gegen ihn gesündigt.*[539]

Handschrift aus dem Jahre 1901

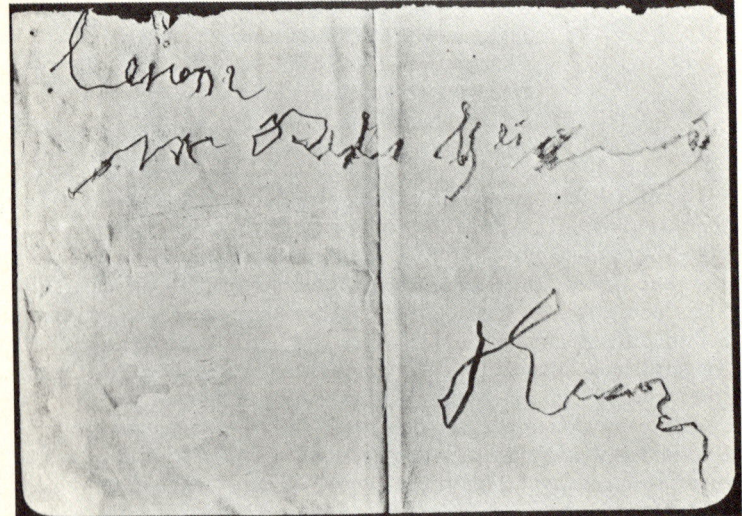

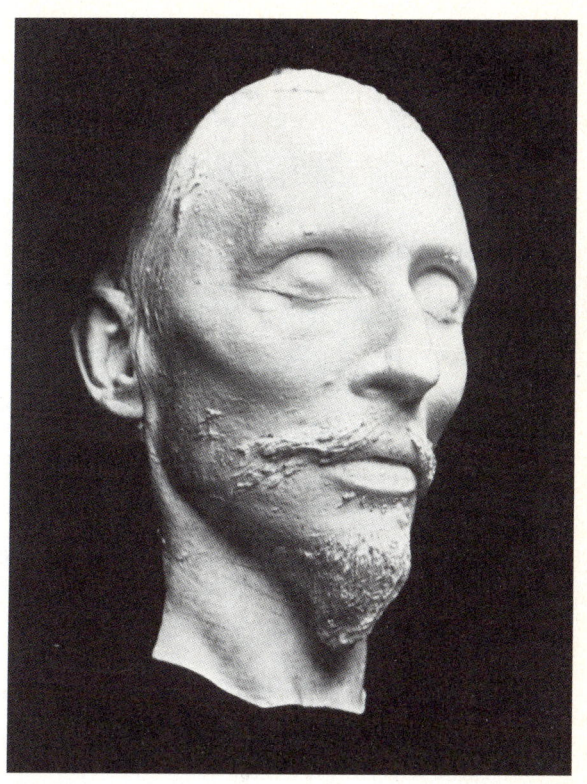

Die Totenmaske

Zu Beginn des Jahres 1900 traten Lähmungserscheinungen und Störungen des Nervensystems auf, die Wolfs Sprachvermögen zerstörten. Ein Psychiater beobachtete: «Als ich ihn sah ... war er sprachlos, bettlägerig und, wie mir besonders auffiel, es liefen choreatische Zuckungen fortwährend ab, die nach Art der Jackson den Mundwinkel betreffen und die Hand der linken Seite (ich hielt das damals nicht für Klonismen einer Epilepsia continua, sondern es machte mir einen direkt choreatischen Eindruck).»[540]

Am 22. Februar 1903 ist Hugo Wolf gestorben.

Anmerkungen

Folgende Abkürzungen werden verwendet:

Bahr	Hermann Bahr: Buch der Jugend. Wien–Leipzig 1908
Dahlhaus	Carl Dahlhaus: Die Musik des 19. Jahrhunderts (= Neues Handbuch der Musikwissenschaft Bd. 6). Wiesbaden 1980
Daten a/m Leben	Hugo Wolf: Daten aus meinem Leben. Österreichische Musikzeitschrift Jg. 1960 (Nr. 2)
Decsey	Ernst Decsey: Hugo Wolf. Bd. I/II/III/IV. Berlin–Leipzig 1903–06
Eckstein	Friedrich Eckstein: Alte unnennbare Tage. Wien 1936
Einstein	Alfred Einstein: Die Romantik in der Musik. München 1950
Eisler	Hanns Eisler: Musik und Politik. Schriften. Hg. v. Günther Mayer. München 1973
Faißt	Hugo Wolf: Briefe an Hugo Faißt. Hg. v. Michael Haberlandt. Stuttgart 1904
Familienbriefe	Hugo Wolfs Familienbriefe. Hg. v. Edmund Hellmer. Leipzig 1912
Grasberger	Franz Grasberger: Hugo Wolf. Persönlichkeit und Werk. Wien 1960
Grohe	Hugo Wolf: Briefe an Oscar Grohe. Hg. v. Heinrich Werner. Leipzig 1905
Irmen	Hans-Josef Irmen: Die Odyssee des Engelbert Humperdinck. Kall/Siegburg 1975
Kauffmann	Hugo Wolf: Briefe an Emil Kauffmann. Hg. v. Edmund Hellmer. Berlin 1903
Köchert	Hugo Wolf: Briefe an Melanie Köchert. Hg. v. Franz Grasberger. Tutzing 1964
Kritiken	Hugo Wolf: Musikalische Kritiken. Hg. v. Richard Batka u. Heinrich Werner. Leipzig 1911
Lang	Hugo Wolf: Briefe an Henriette Lang, nebst den Briefen an deren Gatten, Joseph Freiherr von Schey. Hg. v. Heinrich Werner. Regensburg 1922
Mayerling	Heinrich Werner: Hugo Wolf in Mayerling. Eine Idylle. Leipzig 1913
Mayreder	Hugo Wolf: Briefe an Rosa Mayreder. Hg. v. Heinrich Werner. Wien 1921

Müller	Paul Müller: Erinnerungen an Hugo Wolf II. Die Musik II. 13
Ochs	Siegfried Ochs: Geschehenes, Gesehenes. Leipzig 1922
Perchtoldsdorf	Heinrich Werner: Hugo Wolf in Perchtoldsdorf. Regensburg 1924
Petersjahrbuch	Ungedruckte Briefe Hugo Wolfs an Paul Müller. Jahrbuch der Musikbibliothek Peters für 1904
Potpeschnigg	Hugo Wolf: Briefe an Heinrich Potpeschnigg. Hg. v. Heinz Nonveiller. Stuttgart 1923
Schaal	Ungedruckte Briefe von Hugo Wolf. Hg. v. Richard Schaal. Deutsches Jahrbuch der Musikwissenschaft XIII (1968)
Schmid	Wilhelm Schmid: Hugo Wolf und der Tübinger Kreis. Neue Musikzeitung Stuttgart Jan. 1925
Schur	Gustav Schur: Erinnerungen an Hugo Wolf. Hg. v. Heinrich Werner. Regensburg 1922
Süddeutsche	Süddeutsche Monatshefte München Jg. 1904
Tagebuch	Hugo Wolfs Wiener Tagebuch 1875–76. Hg. v. Willi Reich und Frank Walker. Schweizerische Musikzeitung Dez. 1947
Wagner	Richard Wagner: Sämtliche Schriften und Dichtungen. Volksausgabe in 16 Bänden. 6. Aufl. Leipzig o. J.
Walker	Frank Walker: Hugo Wolf. Eine Biographie. Graz–Wien–Köln 1953
Zerny	Hugo Wolf: Briefe an Frieda Zerny. Hg. v. Ernst Hilmar u. Walter Obermaier. Wien 1978

Die Anmerkungsziffern im Text beziehen sich jeweils auf das unmittelbar vorangehende Zitat und auf vorangehende Zitate ohne eigene Anmerkungsziffern.

1 Grasberger S. 5
2 Ebd. S. 7
3 Margarethe Klinckerfuß: Aufklänge aus versunkener Zeit. Urach 1947. S. 116
4 Zur Datierung: Karl Adolf Eickemeyer: Die Krankheit Hugo Wolfs. Medizinische Dissertation. Jena 1945. S. 275
5 Potpeschnigg S. 49
6 Zerny S. 44
7 Thomas Mann: Das essayistische Werk Bd. 3, Frankfurt a. M. 1968. S. 13
8 Köchert S. 162
9 Kritiken S. 107
10 Mayreder S. 57
11 Grohe S. 287
12 Faißt S. 34

13 Grasberger S. 5
14 Walker S. 518
15 S. Anm. 3
16 Köchert S. 162
17 Müller S. 38
18 Kritiken S. 306
19 S. Anm. 17
20 Decsey III S. 17
21 Daten a/m Leben S. 49
22 Familienbriefe S. 2
23 Ebd. S. 4 f
24 Schur S. 80
25 Decsey I S. 95
26 Walter Abendroth: Hans Pfitzner. München 1935. S. 350
27 Eisler S. 68
28 Igor Strawinsky mit Robert Craft. Frankfurt a. M. 1972. S. 294
29 Potpeschnigg S. 76

30 Zerny S. 45
31 Familienbriefe S. 44f
32 Walker S. 117
33 Ebd. S. 137
34 Ebd. S. 118
35 Ebd. S. 137
36 Familienbriefe S. 50
37 Ebd. S. 52
38 Walker S. 137
39 Ebd. S. 172
40 Familienbriefe S. 49
41 Ebd. S. 108
42 Ebd. S. 110
43 Ebd. S. 108
44 Ebd. S. 84
45 Ebd. S. 109
46 Kauffmann S. 106
47 Köchert S. 69
48 Tagebuch S. 447
49 Familienbriefe S. 8f
50 Ebd. S. 11f
51 Ebd. S. 9
52 Tagebuch S. 451
53 Familienbriefe S. 9f
54 Tagebuch S. 449
55 Ebd. S. 451
56 Kritiken S. 120
57 Tagebuch S. 448
58 Ebd. S. 449
59 Ebd. S. 447
60 Siehe Cosima Wagner: Die Tage-
   bücher Bd. I. Hg. v. Martin Gre-
   gor-Dellin u. Dietrich Mack. München–Zürich 1976. S. 952
61 Familienbriefe S. 13
62 Tagebuch S. 448
63 Kauffmann S. 104
64 Decsey I S. 49
65 Kauffmann S. 104
66 Mayreder S. 23
67 Kauffmann S. 104
68 Decsey I S. 60
69 Ebd. S. 59
70 Köchert S. XIV
71 Familienbriefe S. 12
72 Tagebuch S. 451
73 Familienbriefe S. 58
74 Decsey I S. 60
75 Kauffmann S. 103f

76 Eckstein S. 195f
77 Walker S. 382
78 Alma Mahler: Erinnerungen an
   Gustav Mahler. Hg. v. Donald
   Mitchell. Frankfurt a. M. Berlin–
   Wien 1980. S. 91
79 Daten a/m Leben S. 50
80 Perchtoldsdorf S. 34
81 Familienbriefe S. 52
82 Lang S. 23
83 Hugo-Wolf-Gesamtausgabe   Bd.
   II. Hg. v. Hans Jancik. Wien 1970.
   Vorwort
84 Lang S. 27f
85 Mayerling S. 38
86 Lang S. 45f
87 Familienbriefe S. 28
88 Ochs S. 308
89 Köchert S. 103
90 Ebd. S. 140
91 Lang S. 12
92 Ebd. S. 14
93 Daten a/m Leben S. 51
94 Lang S. 16
95 Ebd. S. 22
96 Ebd. S. 23
97 Familienbriefe S. 91
98 *Seufzer, Wo find ich Trost, Müh-
   voll komm ich und beladen, Die du
   Gott gebarst*
99 Lang S. 22
100 S. Anm. 96
101 Familienbriefe S. 51
102 Ebd. S. 23
103 Ebd. S. 52
104 Ebd. S. 52f
105 Lang S. 23f
106 Familienbriefe S. 46f
107 Charles Baudelaire: Schriften.
    Übers. v. Max v. Bruns. Bd. 3.
    Kempten 1981. S. 32
108 S. Anm. 75
109 Familienbriefe S. 46
110 Lang S. 56
111 Bahr S. 58
112 Perchtoldsdorf S. 38
113 Bahr S. 56
114 Köchert S. 140
115 Hugo Wolf an Josef Breuer. In:

Österreichische Musikzeitschrift 2/1960. S. 65

116 Lang S. 33

117 Z. B. Hans Mersmann: Die Kammermusik Bd. III (Deutsche Romantik). Leipzig 1930. S. 126

118 Familienbriefe S. 42

119 Lang S. 30f

120 Mayerling S. 21

121 Zit. n.: Erik Werba: Hugo Wolf. Wien 1978. S. 108

122 Einstein S. 232

123 Kritiken S. 103f

124 Ebd. S. 104

125 Lang S. 9f

126 Zerny S. 48f

127 Kritiken S. 204

128 Ebd. S. 205

129 Ebd. S. 206

130 Mayerling S. 22

131 Lang S. 44

132 Mayerling S. 33

133 Decsey I S. 137f

134 Petersjahrbuch S. 77

135 Grohe S. 16

136 Köchert S. 107

137 Ebd. S. 102

138 Gottfried Keller: Werke Bd. I. Hg. v. Harry Mainc. Berlin 1921. S. 424

139 Irmen S. 85

140 Decsey III S. 81

141 Köchert S. 8

142 Irmen S. 85

143 Zerny S. 59

144 Köchert S. 196

145 Ernest Newman: Notes. In: EMI RLS 759. S. 34

146 Vgl. Dahlhaus S. 290

147 Lang S. 70f

148 Familienbriefe S. 33

149 Ebd. S. 34

150 Mayerling S. 35

151 Familienbriefe S. 64

152 Lang S. 57

153 Ebd. S. 31

154 Helene Bettelheim-Gabillon: Im Zeichen des alten Burgtheaters. Wien 1921. S. 187

155 Grohe S. 40

156 Familienbriefe S. 63

157 Walker S. 154

158 Schur S. 27

159 Decsey IV S. 3

160 Zerny S. 63

161 Grohe S. 229

162 Ebd. S. 285; Mayreder S. 114

163 Familienbriefe S. 56

164 Lang S. 39

165 Decsey II S. 31

166 Familienbriefe S. 82

167 S. Anm. 164

168 Die Fackel Nr. 158 (1904) S. 2

169 Familienbriefe S. 60

170 Lang S. 60

171 Kauffmann S. 13

172 Bahr S. 55

173 Lang S. 65

174 Grohe S. 25

175 Familienbriefe S. 73

176 Mayerling S. 25f

177 Lang S. 66f

178 Faißt S. 113

179 Grohe S. 233

180 Egon Voss: Tristan ohne Mythos. In: Programmheft zum Sonderkonzert des Bayerischen Rundfunks am 10. Januar 1981

181 Eckstein S. 110

182 Familienbriefe S. 61

183 Lang S. 61f

184 Eduard Hanslick: Aus meinem Leben. Bd. II. 4. Aufl. Berlin 1911. S. 226

185 Zerny S. 23

186 Grohe S. 105

187 Kritiken S. 272

188 Ebd. S. 52

189 Ebd. S. 243f

190 Ebd. S. 235

191 Ebd. S. 27

192 Ebd. S. 109

193 Ebd. S. 308

194 Ebd. S. 294

195 Ebd. S. 30

196 Ebd. S. 368

197 Walker S. 191

198 Franz Grasberger: Johannes Brahms. Wien 1952. S. 222

199 Wagner Bd. X S. 148
200 Manfred Wagner: Bruckner. Mainz 1981. S. 333
201 Max Kalbeck: Johannes Brahms. Bd. II. 3. Aufl. Berlin 1921. S. 181f
202 Wagner Bd. X. S. 148
203 Kritiken S. 243
204 Ebd. S. 15
205 Wagner Bd. X. S. 148
206 Kritiken S. 326
207 Ebd. S. 334
208 Ebd. S. 336
209 Ebd. S. 81
210 Ebd. S. 109f
211 Ebd. S. 30
212 Ebd. S. 268
213 Ebd. S. 30
214 Ebd. S. 19
215 Ebd. S. 52
216 Bahr S. 55
217 Mayreder S. 82
218 Köchert S. 19
219 Kritiken S. 10
220 Ebd. S. 50
221 Ebd. S. 114
222 Ebd. S. 52
223 Wagner Bd. III S. 95f
224 Kritiken S. 126f
225 Decsey II S. 130
226 Grohe S. 96
227 Grasberger S. 48
228 Faißt S. 144f
229 Grohe S. 219
230 Süddeutsche I.5. S. 398
231 Grohe S. 244f
232 Ebd. S. 14
233 Ebd. S. 164
234 Familienbriefe S. 75
235 Ochs S. 309f; Köchert S. 33
236 Familienbriefe S. 74f
237 Kritiken S. 3
238 Ebd. S. 6
239 Ebd. S. 263
240 Ebd. S. 48
241 Ebd. S. 269
242 Ebd. S. 358
243 Ebd. S. 328
244 Literary Sources of Hugo Wolf's String Quartets. Musical Newsletter IV/1974. S. 3ff
245 Kritiken S. 81
246 Decsey II S. 92f
247 Kritiken S. 82
248 Zerny S. 57
249 Kritiken S. 104
250 Ebd. S. 224
251 Ebd. S. 32f
252 Ebd. S. 30
253 Perchtoldsdorf S. 42
254 Decsey III S. 46
255 Kritiken S. 30
256 Ebd. S. 5
257 Ebd. S. 309
258 Kauffmann S. 122
259 Köchert S. 5
260 Perchtoldsdorf S. 26
261 Grohe S. 109f
262 Perchtoldsdorf S. 31
263 Ebd. S. 37
264 Ebd. S. 31
265 Ebd. S. 34. Es handelte sich um das *Jägerlied.*
266 Ebd. S. 35
267 Köchert S. 172f
268 Faißt S. 127
269 Petersjahrbuch S. 72
270 Ebd. S. 73
271 Schur S. 52f
272 Perchtoldsdorf S. 36
273 Grohe S. 29
274 Kritiken S. 327f
275 Ebd. S. 234
276 Ebd. S. 368
277 Briefwechsel Clara Schumann – Johannes Brahms. Hg. v. Berthold Litzmann. Leipzig 1927. Br. v. 27.1.1860. o. S.
278 Kritiken S. 78
279 Köchert S. 51
280 Ebd. S. 11
281 Kauffmann S. 62
282 Perchtoldsdorf S. 39
283 Kritiken S. 37
284 Ebd. S. 304
285 Ebd. S. 213
286 Kauffmann S. 8
287 Köchert S. 39

288 Ebd. S. 62
289 Perchtoldsdorf S. 40
290 Ebd. S. 37
291 Ebd. S. 34
292 Ebd. S. 41
293 Kritiken S. 213
294 Ebd. S. 30
295 Ebd. S. 213 f
296 Ernst Decsey: Stunden mit Mahler. Die Musik X. 21. S. 144
297 Grohe S. 22
298 Decsey II gegenüber S. 128
299 Kauffmann S. 13 f
300 Köchert S. 136
301 Perchtoldsdorf S. 50
302 Mayreder S. 45 f
303 Familienbriefe S. 18
304 Grohe S. 111
305 Kritiken S. 50
306 Grohe S. 74
307 Kritiken S. 50
308 Grohe S. 255
309 Schaal S. 121
310 Zerny S. 55
311 S. Anm. 310
312 Das deutsche Lied. Berlin 1926. S. 214
313 Perchtoldsdorf S. 40
314 Müller S. 36
315 Kauffmann S. 25
316 Müller S. 36
317 Decsey II S. 56
318 Perchtoldsdorf S. 24
319 Mayreder S. 82
320 Grohe S. 16
321 Ebd. S. 23
322 Perchtoldsdorf S. 63
323 Lang S. 83
324 Köchert S. 10
325 Grohe S. 34. *Christblume* spielt auf ein Mörike-Gedicht an.
326 Schur S. 60
327 Ebd. S. 62 f *anzüglich*: Wolf plante eine Deutschland-Reise.
328 Irmen S. 84
329 Kauffmann S. 58 f
330 Schur S. 64
331 Grohe S. 46
332 Köchert S. 32
333 Grohe S. 69
334 Decsey III S. 79
335 Kauffmann S. 51
336 Decsey III S. 80
337 Grohe S. 51
338 Familienbriefe S. 87
339 Kritiken S. 17. Das Motto ist dem Schlegel-Gedicht «Die Gebüsche» entnommen.
340 Kauffmann S. 58
341 Köchert S. 47 f
342 Schur S. 78
343 Grohe S. 77
344 Kauffmann S. 71
345 Grohe S. 309
346 Ebd. S. 31
347 Kritiken S. 363
348 Ebd. S. 144 f
349 Zerny S. 57
350 Mayreder S. 23
351 Dahlhaus S. 286
352 Grohe S. 31
353 Dahlhaus S. 286
354 Grohe S. 30 f
355 Ebd. S. 33
356 Familienbriefe S. 80
357 Grohe S. 75
358 Kauffmann S. 157
359 Grohe S. 26
360 Schur S. 46
361 Grohe S. 27; Schur S. 47
362 Schur S. 51
363 Faißt S. 45
364 Grohe S. 165
365 Kauffmann S. 145
366 Grohe S. 83 f
367 Schmid S. 145
368 Grohe S. 80
369 Dahlhaus S. 290
370 Grohe S. 95 f
371 Schur S. 53
372 Köchert S. 92
373 Petersjahrbuch S. 86
374 Potpeschnigg S. 172
375 Grohe S. 293
376 Köchert S. 59
377 Schmid S. 154
378 Decsey II S. 49
379 Grohe S. 34 f

380 Köchert S. 14
381 Grohe S. 35
382 Ebd. S. 81
383 Decsey III S. 138
384 Ebd. S. 142
385 Grohe S. 84
386 Decsey III S. 139
387 Grohe S. 88f
388 Ebd. S. 80
389 Lang S. 77
390 Grohe S. 40
391 Kauffmann S. 44
392 Ebd. S. 90f
393 Ebd. S. 91
394 Grohe S. 110
395 Ebd. S. 310
396 Köchert S. 65
397 Kauffmann S. 95
398 Grohe S. 111
399 Kauffmann S. 95
400 Köchert S. 63
401 Kauffmann S. 100f
402 Ebd. S. 61
403 Grohe S. 121
404 Kauffmann S. 113f; Schmid S. 155
405 Kritiken S. 304
406 Decsey II S. 53
407 Grasberger S. 31
408 Faißt S. 40; Margarethe Klincker-
    fuß: Weitere Ergänzungen zu
    Wolfs Briefen. Neue Musikzeitung
    Feb. 1925. S. 211
409 Faißt S. 40
410 Schaal S. 121
411 Kauffmann S. 55f
412 Faißt S. 145
413 Petersjahrbuch S. 74
414 Mayreder S. 50
415 Petersjahrbuch S. 75f
416 Decsey I S. 121
417 Kritiken S. 57f
418 Grohe S. 147f
419 Kauffmann S. 118f
420 Decsey III S. 118
421 Kritiken S. 94
422 Ebd. S. 149
423 Ebd. S. 122
424 Ebd. S. 64
425 Kauffmann S. 13

426 Kritiken S. 23
427 Ebd. S. 133
428 Grohe S. 207
429 Süddeutsche I. 5. S. 403
430 Potpeschnigg S. 56
431 Walker S. 396
432 Ebd. S. 395
433 Perchtoldsdorf S. 31
434 Grohe S. 40
435 S. Anm. 130
436 Zerny S. 35
437 Ebd. S. 39
438 Ebd. S. 14
439 S. Anm. 80
440 Zerny S. 36f
441 Ebd. S. 39
442 Ebd. S. 45
443 Faißt S. 31
444 Potpeschnigg S. 60. Bei Semriach
    (Steiermark) waren mehrere
    Grotten entdeckt worden.
445 Grohe S. 169f
446 Köchert S. 104f
447 Faißt S. 52
448 Köchert S. 122
449 Eckstein S. 189
450 Decsey II S. 50
451 Eckstein S. 187f
452 Faißt S. 56
453 Eckstein S. 189
454 Faißt S. 55
455 Grohe S. 174
456 Kauffmann S. 128
457 Grohe S. 174
458 Kauffmann S. 151
459 Zerny S. 58
460 Mayreder S. 23
461 Köchert S. 130
462 Ebd. S. 127
463 Ebd. S. 128
464 Kauffmann S. 155
465 Köchert S. 130
466 Ebd. S. 140
467 Ebd. S. 144
468 Mayreder S. 26
469 Köchert S. 159
470 Grohe S. 174
471 Potpeschnigg S. 81
472 Grohe S. 174

473 S. Anm. 50
474 Grohe S. 175
475 Walker S. 433
476 Köchert S. 153
477 Walker S. 427
478 Irmen S. 92
479 Mayreder S. 35
480 Ebd. S. 60
481 Grohe S. 249
482 Mayreder S. 57
483 Ebd. S. 58
484 Faißt S. 92
485 Köchert S. 162
486 Kauffmann S. 167
487 Köchert S. 165
488 Kauffmann S. 172
489 Familienbriefe S. 116
490 Potpeschnigg S. 87
491 Grasberger S. 71
492 Köchert S. 177f
493 Mayreder S. 79
494 Köchert S. 178
495 Faißt S. 108
496 Köchert S. 179
497 Faißt S. 111
498 Grohe S. 243
499 Kauffmann S. 181
500 Mayreder S. 62
501 Grohe S. 259
502 Süddeutsche I. 5. S. 403
503 Faißt S. 138
504 Ebd. S. 136
505 Süddeutsche I. 5. S. 405
506 Potpeschnigg S. 169
507 Grohe S. 251
508 Ebd. S. 248
509 Potpeschnigg S. 190
510 Ebd. S. 200f. Wilhelm Jahn war
    seit 1880 Operndirektor.
511 Ernst Decsey: Aus Hugo Wolfs
    letzten Jahren. Die Musik I. 2.
    S. 141
512 Grohe S. 244
513 Ebd. S. 260
514 Potpeschnigg S. 185
515 Walker S. 473
516 Potpeschnigg S. 185
517 Kauffmann S. 181
518 Petersjahrbuch S. 94

519 Schaal S. 126. Wolf schrieb teils
    Hörnes, teils *Hoernes*.
520 Grohe S. 272
521 Köchert S. 189
522 Ebd. S. 190
523 Grohe S. 272
524 Ebd.
525 Schaal S. 127
526 Köchert S. 191
527 Potpeschnigg S. 204
528 Köchert S. 202f
529 Perchtoldsdorf S. 107
530 Ebd. S. 109
531 Kritiken S. 209ff
532 Briefe Hugo Wolfs aus dem Irren-
    haus. Hg. v. Käthe Braun-Prager.
    Die Musik XXII. 1. S. 29
533 Potpeschnigg S. 209f. Wolf hatte
    Schauspielmusiken zu Ibsens
    «Fest auf Solhaug» (1891) und
    Kleists «Prinz von Homburg»
    (1884) geschrieben.
534 Potpeschnigg S. 212f
535 Faißt S. 176
536 Müller S. 41
537 Faißt S. 197
538 Grasberger S. 32
539 Walker S. 514
540 Karl Adolf Eickemeyer: Der Ver-
    lauf der Paralyse Hugo Wolfs.
    Jena 1945. S. 49
541 Richard Heuberger: Erinnerun-
    gen an Johannes Brahms. Tutzing
    1971. S. 41
542 Detlev von Liliencron: Briefe
    Bd. I. Hg. v. Richard Dehmel.
    Berlin 1910. S. 223
543 Eduard Hanslick: Fünf Jahre Mu-
    sik. Berlin 1896. S. 271
544 Romain Rolland: Musiker von
    heute. München 1925. S. 205
545 Richard Dehmel: Briefe. Hg. v.
    Ida Dehmel. Berlin 1922. S. 254
546 Willi Schuh: Richard Strauss. Ju-
    gend und frühe Meisterjahre. Zü-
    rich 1976. S. 389
547 Gesammelte Aufsätze über Hugo
    Wolf. Hg. v. Wolf-Verein in Wien.
    Berlin 1898. S. XI

548 Joseph Marx: Zum 100. Geburtstag Hugo Wolfs. Österreichische
Musikzeitschrift 2/1960. S. 51
549 Hans u. Rosaleen Moldenhauer:
Anton von Webern. Zürich 1980.
S. 46
550 Süddeutsche I. 2. S. 161 f
551 Rosa Luxemburg: Briefe aus dem
Gefängnis. Hg. v. Exekutivkomi-
tee der kommunistischen Jugend-
internationale. Berlin 1927. S. 45
u. 50
552 Eisler S. 68
553 Hermann Hesse: Musik. Hg. v.
Volker Michels. Frankfurt a. M.
1976. S. 153
554 Theodor W. Adorno: Situation
des Liedes. Musikblätter des An-
bruchs. Jg. 1928. S. 364
555 Thomas Mann: Das essayistische
Werk. Bd. 3. Frankfurt a. M. 1968.
S. 98
556 Einstein S. 231 f

Zeittafel

1860   13. Februar: Hugo Filipp Jakob Wolf in Windischgraz geboren
1865   Klavierunterricht, zunächst beim Vater, dann (bis 1869) beim Dorfschulleh-
        rer Sebastian Weixler
1870   Gymnasium in Graz – Schulversagen
1871   Stiftsgymnasium St. Paul in Kärnten – Orgel- und Violinspiel – erneutes
        Schulversagen
1873   Gymnasium Marburg an der Drau – Konflikt mit der Schulleitung
1875   Erste Kompositionen – September: Eintritt in das Wiener Konservatorium
        – 22. November: «Tannhäuser» gehört – 12. Dezember: Begegnung mit
        Wagner – 15. Dezember: «Lohengrin» gehört
1876   28. Februar: Besuch bei dem Dirigenten Hans Richter – Lieder, Chöre, Kla-
        vierstücke – Oper *König Alboin* begonnen
1877   Entlassung aus dem Konservatorium – Ab März: Windischgraz – Arbeit an
        Symphonie B-Dur – November: Rückkehr nach Wien – Freundschaft mit
        Wagnerianern: Gustav Schönaich, Felix Mottl, Adalbert von Goldschmidt
        – erste Schopenhauer-Lektüre – 16. Dezember: Uraufführung von Bruck-
        ners III. Symphonie erlebt – Syphilitische Infektion
1878   Begegnung mit Vally Franck – Lieder nach Heine u. a.
1879   Arbeit am *Streichquartett d-moll* – *Lenau-Lieder* – Wohngemeinschaft mit
        Gustav Mahler – Begegnung mit Brahms
1880   Idyllischer Sommer in Mayerling. *Langsamer* Satz des *d-moll-Quartetts* –
        Lieder
1881   Bruch mit Vally Franck. Psychisches Tief – Geistliche *Eichendorff-Chöre* –
        Sommer: Windischgraz. Ärger über provinzielle Enge – Bekehrung zum
        Antisemitismus und Vegetarismus – November: Kapellmeister in Salzburg
        – Eklat
1882   Rückkehr nach Wien – zeitweise Bruch mit dem Vater – 18. Juni: *Mausfal-
        lensprüchlein* (Mörike) – In Bayreuth «Parsifal» gehört – Bekanntschaft mit
        Friedrich Eckstein und Familie Köchert (Wolfs nobelste Förderer) – Li-
        bretto zu einer komischen Oper nach spanischem Sujet
1883   Januar: Verlagssuche, Begegnung mit Hanslick – 13. Februar: Wagner ge-
        storben – 6. April: Besuch bei Franz Liszt, Anregung zu Orchesterwerk –
        Penthesilea begonnen
1884   Wohngemeinschaft mit Hermann Bahr – Ab 20. Januar: Musikkritiker am
        Wiener «Salonblatt» – August–Oktober: Gast der Familie Strasser in
        Schloß Gstatt. *Quartett-Finale,* Bühnenmusik *Prinz Friedrich von Homburg*
        (Fragment)
1885   Gast der Familie Köchert in Wien – 21. September: Hans Richter ver-

spricht, die *Penthesilea* zu prüfen – 15. Oktober: Rosé-Quartett lehnt Wolfs *Streichquartett* ab

1886 13. März: Begegnung mit Liszt – Sommer: Murau bei Strassers. *Intermezzo für Streichquartett* – 31. Juli: Liszt gestorben – 15. Oktober: *Penthesilea* in Novitätenprobe der Wiener Philharmoniker abgelehnt – Dezember: Oratorium *Christnacht*

1887 *Italienische Serenade für Streichquartett,* fünf bedeutende *Eichendorff-Lieder* – 24. April: Letzter Artikel im «Salonblatt» – 9. Mai: Filipp Wolf gestorben – November: Zwei Hefte Lieder zur Veröffentlichung vorbereitet – Depressionen

1888 Umzug nach Perchtoldsdorf ins Sommerhaus der Familie Werner – 16. Februar–18. Mai: 43 *Mörike-Lieder* – März: Zwei Hefte Lieder erscheinen, erste öffentliche Aufführung von Wolf-Liedern – September: Gast bei Eckstein in Unterach, 12 *Eichendorff-* und 10 *Mörike-Lieder* – Förderung durch den Wiener Wagner-Verein, Bekanntschaft mit Joseph Schalk und Ferdinand Jäger (Tenor, bedeutender Wolf-Interpret) – 25 *Goethe-Lieder,* Gast bei Köcherts (Döbling)

1889 26 *Goethe-Lieder* – Februar: Zerwürfnis mit dem Wagner-Verein – Textentwurf zu Oper «Ein Sommernachtstraum», Komposition zweier Stücke daraus – *Mörike-, Eichendorff-, Goethe-Lieder* erscheinen – 28. Oktober: *Spanisches Liederbuch* nach Heyse und Geibel in Perchtoldsdorf begonnen

1890 Januar: Rosa Mayreders «Dreispitz»-Libretto abgelehnt – 27. April: *Spanisches Liederbuch* beendet – Mai/Juni: *Alte Weisen* (Keller) – Opernplan «Der Sturm» – 25. September–14. November: 7 *Italienische Lieder* (Heyse) – Ab 12. Oktober: Deutschland-Reise: Bekanntschaft mit Detlev von Liliencron, Georg Michael Conrad (München), Emil Kauffmann (Tübingen), Oskar Grohe, Felix Weingartner (Mannheim), Engelbert Humperdinck, Ludwig Strecker (Verlag Schott, Mainz) – November: Kompositionsauftrag des Burgtheaters *Bühnenmusik zu Ibsens «Das Fest auf Solhaug»*

1891 Schott verlegt *Spanisches Liederbuch* und *Alte Weisen* – März: Deutschland-Reise. Uraufführung der *Christnacht* unter Weingartner in Mannheim – Körperliche und geistige Erschöpfung – Dezember: 15 *Italienische Lieder*

1892 18. Februar–9. März: Berlin, Wolf-Konzerte – Suche nach Libretto – Opernplan *Manuel Venegas* – April/Mai: Orchesterbearbeitung *Italienische Serenade* – Schott kauft *Italienisches Liederbuch Band I,* erscheint im Dezember

1893 Quälende Unproduktivität – Instrumentationen – Nietzsche-Lektüre – Bach-Studien (u. a. «Das wohltemperierte Klavier») – Konzerte in Wien und Graz

1894 Januar: Reise mit Bruckner nach Berlin, Siegfried Ochs dirigiert *Elfenlied* und *Feuerreiter* – Liaison mit Frieda Zerny – 2. Dezember: *Elfenlied* und *Feuerreiter* in Wien erfolgreich – 18. Dezember: Sensationelle Premiere von Humperdincks «Hänsel und Gretel» in Wien

1895 Januar: Rosa Mayreders *Corregidor*-Libretto akzeptiert – 12. März: Beginn der Arbeit an *Der Corregidor* in Perchtoldsdorf – 16. Mai: Übersiedlung nach Schloß Matzen, Domizil des Barons Lipperheide – 9. Juli: Klavierauszug der Oper fertig – 22. Dezember: Instrumentation beendet – Dezember: Wiener Hofoper desinteressiert an *Der Corregidor*

1896 Hugo-Wolf-Verein in Berlin – 25. März–29. April: *Italienisches Liederbuch*

II komponiert – Mai: Verlag Heckel druckt *Corregidor* – 7. Juni: Erfolgreiche *Corregidor*-Uraufführung in Mannheim – 4. Juli: Einzug in eigene Wohnung in Wien – 20. August: Arzt entdeckt Symptom der Paralyse – Revision
der *Corregidor*-Partitur – Dezember: *Byron-Gesänge*

1897   Umarbeitung des 4. Akts *Der Corregidor* – März: *Michelangelo-Gesänge* –
April: Hugo-Wolf-Verein in Wien – 1. Juni: Mahler an die Wiener Hofoper
berufen; verspricht, *Der Corregidor* aufzuführen – 8. Juli: Moritz Hörnes'
Libretto *Manuel Venegas* akzeptiert – Ab 29. Juli: Fieberhafte Arbeit an der
Oper – Mitte September: Mahler zieht sein Versprechen zurück – 18. Sep-
tember: Wahnvorstellungen – 20. September: Einlieferung in die «Privat-
Irrenanstalt» Dr. Svetlin – Größenwahn

1898   Remission – 24. Januar: Entlassung – Ab 11. Februar: Italien-Reise –
29. April: *Corregidor*-Neufassung in Straßburg uraufgeführt – Oktober:
Selbstmordversuch im Traunsee. Einlieferung in die Niederösterreichische
Landesirrenanstalt Wien

1900   Sprachstörungen

1901   Paralytische Krämpfe

1903   22. Februar: Tod Hugo Wolfs

*Der Grabstein von
Edmund Hellmer,
Zentralfriedhof in Wien*

Zeugnisse

Johannes Brahms (über die *Mörike-Lieder,* 1888)
Ja, wenn man sich um die Musik nicht kümmert, ist das Deklamieren eines Gedichtes sehr leicht. Ansonsten sieht man, daß er ein gewandter, gebildeter, gescheiter Mensch ist![541]

Detlev von Liliencron (an Hedwig Kiesekamp, 1891)
Kennen Sie Hugo Wolf (kein Jude), den jungen Komponisten, in Wien? 50 Jahre wird's dauern, bis er, nach der bekannten «Eigentümlichkeit» der Deutschen, durchgedrungen ist. Das ist (– dessen Musik-Kompositionen –) einfach phänomenal. Er schrieb (spielte und sang sie mir vor) 53 Mörike-Lieder und 51 Goethe-Lieder. Lassen Sie bitte sich diese Lieder ja aus Wien kommen; aber erwähnen Sie bitte seinen Namen nicht dem lieben Johannes (Brahms). Der ist, glaub' ich, rasend auf ihn.[542]

Eduard Hanslick (Rezension in der «Neuen Freien Presse», Dezember 1894)
Hugo Wolf komponiert nicht bloß Gedichte, sondern sozusagen ganze Dichter. Ein Band Goethe, 51 Gedichte (Preis 25 Mark), ein Band Mörike, 53 Gedichte (Preis 25 Mark) usw. Unser Komponist liebt es leidenschaftlich, die Klavierbegleitung zur Hauptsache, den Gesang zum Anhängsel zu machen, mitunter auch die Begleitung zu einer Art bissigem Störenfried der Gesangspartie. Wie jedes selbstbewußt und revolutionär auftretende junge Talent verfügt Wolf, der angebliche Erfinder des «symphonischen Liedes», über eine kleine enthusiastische Partei. Sie erblickt in Hugo Wolf den Richard Wagner des Liedes, wie in Bruckner den Richard Wagner der Symphonie. Der Ruhm dieser beiden Neuerer soll also, wenn wir es recht verstehen, darin liegen, daß jeder aus seiner Kunstgattung (Lied, Symphonie) etwas macht, was sie nicht sein soll.[543]

Gustav Kühl
Er ist der größte Psychologe gewesen, den die deutsche Musik seit – Mozart erlebt hat.[544]

Richard Dehmel (an Gustav Kühl, 1896)
Auch von Beethoven, mein Lieber, und von Wagner sagten große «Kenner», es sei bei ihnen öfters «in der Musik was nicht in Ordnung»; nach 30 Jahren aber merkten selbst die kleinsten Nichtkenner, daß solches eine Unordnung von allerhöchster Ordnung war! Es darf sich freilich nicht jeder erlauben, solche außerordentlich unordentliche Musik zu machen; Hugo Wolf z. B. nicht! – Da kann ich über Den gleich hier meine Meinung sagen: ein bißchen mehr als Robert Franz, zwei bißchen weniger als Schumann, natürlich mit «modernem» Anstrich – c'est tout! Ich begreife nicht, wie Sie, der sonst doch fühlt, worauf es ankommt in der Kunst, eine solche Leiermannsseele für einen «neuen Schubert» halten können. Es ist ja Alles aus zweiter Hand bei ihm! lauter «angenehme» Mache! Da ist's nicht schwer, «vielseitig» sein.[545]

Richard Strauss (nach einem Orchesterkonzert mit Vor- und Zwischenspiel *Der Corregidor* unter seiner Leitung, 1896)
Das Werk gefällt mir als Ausdruck einer großen und reichen Musikernatur ganz außerordentlich; schade, daß die beiden Orchesternummern, die ich in Berlin aufführte, auch nicht annähernd auf die Bedeutung des Werkes in gesanglichen Teilen schließen lassen. Jedenfalls freut es mich, wenn eine Aufführung ein bißchen dazu beitragen kann, den Namen eines so hervorragenden Musikers wie Wolf in die Öffentlichkeit zu bringen.[546]

Hermann Bahr (1898)
Ich maße mir nicht an, im Musikalischen mitzureden. Ich weiß nur, daß die meisten von uns, die wir die Kunst der Worte üben, mit der heutigen Musik nichts anzufangen wissen. Hören wir ein Lied eines geliebten Gedichts, so haben wir das Gefühl, daß uns die Musik «geniert». Sie ist dem geliebten Gedicht fremd; es kommt uns in ihrer Begleitung wie verkleidet vor. Hugo Wolf ist der einzige, der uns die Gedichte nicht entfremdet, sondern seine Musik empfinden wir als die eigentliche Natur der Gedichte, als dasselbe, was sie in Versen sind, als die natürliche Luft, die zu ihnen gehört und ohne die sie gar nicht leben könnten. Darum verehren wir ihn, darum lieben wir ihn, darum wünschen wir ihm, die Nation möge endlich seiner würdig werden.[547]

Gustav Mahler
Dieses kleine Wässerlein wird bald versickert sein; in ein paar Jahren wird niemand mehr wissen, wer dieser Wolf war ...[548]

Anton von Webern (unter dem Eindruck von Wolfs Tod, Februar 1903)
Es kann die Spur von seinen Erdentagen /
nicht in Äonen untergeh'n.[549]

Max Reger (1904)
Was hätte der so früh verstorbene Meister – vorausgesetzt, daß er gesund
geblieben wäre – auf diesem so heiß umstrittenen, von so vielen Berufe-
nen und Unberufenen bebauten Feld der symphonischen Dichtung nicht
noch Überragendes schaffen können! Ich halte seine symphonische Dichtung *Penthesilea* (nach Heinrich von Kleists gleichnamigem Trauerspiel)
unbedingt für eine der bedeutendsten, lebenskräftigsten Schöpfungen,
die uns die letzten Jahrzehnte gebracht haben. Die Themen sind von ge-
nialer Prägnanz; die Erfindung erlahmt nirgends. Auch fröhnt Hugo Wolf
– in meinen Augen ein gar nicht hoch genug zu schätzender Vorzug – nie
dem heutzutage so beliebten, selten seine Wirkung versagenden Stim-
mungsdusel. Schlag auf Schlag, ohne jedwede überflüssige, mehr oder
minder jämmerliche, abgedroschene Phrasenmacherei, braust das wundervolle Tongedicht vorüber ... Hätte Hugo Wolf nur dieses eine Werk
geschrieben, die Kunstgeschichte müßte ihn in die erste Reihe aller Tondichter stellen.[550]

Rosa Luxemburg (aus zwei Briefen aus dem Gefängnis)
Ich möchte Sie noch bitten, mir gelegentlich «Anakreons Grab» abzu-
schreiben. Kennen Sie es gut? Ich habe es natürlich erst durch Hugo Wolfsche Musik richtig verstanden; im Lied macht es geradezu einen architek-
tonischen Eindruck; man meint, einen griechischen Tempel vor sich zu
sehen.
    Und noch eins möchte ich seit langem haben, das in meinem hiesigen
Goethe-Bändchen fehlt, «Blumengruß». Das ist ein kleines Gedichtlein
von vier bis sechs Zeilen, ich kenne es aus einem Wolfschen Lied, das
unbeschreiblich schön ist. Namentlich der Schlußvers, etwa so: «Ich habe
sie gepflücket / In heißer Sehnsuchtsqual, / Ich habe sie ans Herz ge-
drücket, / Ach, wohl eintausendmal!» Das klingt in der Musik so heilig,
zart und keusch, wie ein Niederknien in stummer Anbetung.[551]

Hanns Eisler (1928)
Dieser Hugo Wolf ... gilt als der Begründer des modernen Liedes. In
Wahrheit fängt mit ihm die Zersetzung der bürgerlichen Lyrik an, die in
der Folge immer krasser wurde und schließlich zu dem Typ des Kunstlie-
des von heute führte: komplizierte Begleitung und deklamierende Ge-
sangsstimme, die im Vergleich zum Begleitpart sehr dürftig und kunstlos
ist.[552]

Hermann Hesse (an Heinrich Wiegand, 1928)
Dieser einsame Hugo Steppenwolf mit seinem furchtbaren Blick und seiner schönen Figur ist zeitlebens einer meiner Intimen gewesen, d. h. seit
etwa meinem 17. Jahr, wo ich zum erstenmal Lieder von ihm kennen-
lernte.[553]

«Komponieren ist der schönste aller Berufe ...

... doch wovon lebt man, wenn man Komponist ist? Bestimmt nicht von der Musik!» Eine Anmerkung von Arthur Honegger.

Frei sein für die schönen Dinge des Lebens, ohne materielle Sorgen seinen Neigungen nachgehen können, mehr aus seinem Leben machen – das setzt Einkünfte voraus, die nicht jeder in ausreichendem Maße hat, die sich aber jeder erschließen kann.

Pfandbrief und Kommunalobligation

Meistgekaufte deutsche Wertpapiere - hoher Zinsertrag - schon ab 100 DM bei allen Banken und Sparkassen

Verbriefte Sicherheit

Theodor W. Adorno (1928)
... unleidlich eitel und schließlich gespensterhafte Photographie dessen, was sogleich vergeht und nicht gehalten werden soll. So auch bei Wolf, der die Gedichte, die ihm gefielen, in Musik noch einmal machen wollte, ohne von der Ursprungsdialektik zwischen Wort und Lied auch nur zu ahnen: daß das Lied über die Verlassenheit des Wortes tröstet und darum Feind des Wortes ist und das Gedicht vernichtet, in das die Musik einstürzt; Mahler wußte, warum er Wolf haßte. Dies alles läßt sich heute willig durchschauen und wer nur gerade dabei ist, weiß Bescheid.[554]

Thomas Mann (aus «Die Entstehung des Doktor Faustus. Roman eines Romans», 1949)
Exzerpte aus Wolfs Briefen. Gedanken, Träume, Notizen. Abends Wolfs Briefe an Grohe. Die Urteilslosigkeit, der törichte Humor, die Begeisterung für seine schlechten Operntexte, die Dummheiten über Dostojewski. Euphorische Vorklänge des Wahnsinns, der dann, wie bei Nietzsche, in Größenideen sich äußert, aber nichts Großes hat. Traurige Illusionen über die Opern. Kein gescheites Wort ...[555]

Alfred Einstein (1950)
Er hat den ganzen Wagner in sich und ist daher komplizierter in der Harmonik und Färbung als alle seine Vorgänger – oft, vor allem in den größeren Goethe-Gesängen, auch krampfiger und gespannter im vergeblichen Versuch, die göttliche Sicherheit und Einfachheit Schuberts zu übertreffen. Er steht am Ende, wo Schubert am Anfang stand; aber Schubert hat sich dieses letzten Nachfolgers nicht zu schämen.[556]

Werkverzeichnis

nach der Kritischen Gesamtausgabe der Werke Hugo Wolfs. Hg. v. der Internationalen Hugo-Wolf-Gesellschaft unter Leitung von Hans Jancik. Musikwissenschaftlicher Verlag Wien 1960f. Die den Werkgruppen vorangestellten römischen Ziffern verweisen auf den Band der Gesamtausgabe. Die Reihenfolge der Lieder in den großen Zyklen wurde von Hugo Wolf festgelegt, bezeichnet also nicht die Chronologie ihrer Entstehung. Eine auf den Tag genaue Chronologie findet sich in: The New Grove Dictionary of Music and Musicians, hg. v. Stanley Sadie, London 1980, Vol. 20, S. 492–500. Im folgenden wird nur das Jahr der Komposition genannt. Fragmente und Werke, die Wolf nicht veröffentlicht sehen wollte, werden an dieser Stelle – von einigen bedeutsamen Ausnahmen abgesehen – nur summarisch erwähnt. Die mit einem * versehenen Lieder hat Wolf in den Jahren 1889 bis 1897 instrumentiert; die Partituren erscheinen in Band VIII und IX der Gesamtausgabe.

(I) Gedichte von Eduard Mörike für eine Singstimme und Klavier (1888)
(1) *Der Genesene an die Hoffnung* (2) *Der Knabe und das Immlein* (3) *Ein Stündlein wohl vor Tag* (4) *Jägerlied* (5) *Der Tambour* (6) *Er ist's** (7) *Das verlassene Mägdlein* (8) *Begegnung* (9) *Nimmersatte Liebe* (10) *Fußreise* (11) *An eine Äolsharfe* (12) *Verborgenheit* (13) *Im Frühling* (14) *Agnes* (15) *Auf einer Wanderung* (16) *Elfenlied* (17) *Der Gärtner* (18) *Zitronenfalter im April* (19) *Um Mitternacht* (20) *Auf eine Christblume I* (21) *Auf eine Christblume II* (22) *Seufzer** (23) *Auf ein altes Bild** (24) *In der Frühe** (25) *Schlafendes Jesuskind** (26) *Karwoche** (27) *Zum neuen Jahr* (28) *Gebet** (29) *An den Schlaf** (30) *Neue Liebe** (31) *Wo find' ich Trost** (32) *An die Geliebte* (33) *Peregrina I* (34) *Peregrina II* (35) *Frage und Antwort* (36) *Lebe wohl* (37) *Heimweh* (38) *Lied vom Winde* (39) *Denk' es, o Seele** (40) *Der Jäger* (41) *Rat einer Alten* (42) *Erstes Liebeslied eines Mädchens* (43) *Lied eines Verliebten* (44) *Der Feuerreiter* (45) *Nixe Binsefuß* (46) *Gesang Weylas** (47) *Die Geister am Mummelsee* (48) *Storchenbotschaft* (49) *Zur Warnung* (50) *Auftrag* (51) *Bei einer Trauung* (52) *Selbstgeständnis* (53) *Abschied*

(II) Gedichte von Joseph von Eichendorff für eine Singstimme und Klavier (Nr. 18, 19: 1880; Nr. 6: 1886; Nr. 5, 7, 8, 20: 1887; Nr. 1–4, 9–17: 1888)
(1) *Der Freund* (2) *Der Musikant* (3) *Verschwiegene Liebe* (4) *Das Ständchen* (5) *Der Soldat I* (6) *Der Soldat II* (7) *Die Zigeunerin* (8) *Nachtzauber* (9) *Der Schreckenberger* (10) *Der Glücksritter* (11) *Lieber alles* (12) *Heimweh* (13) *Der Scholar* (14) *Der verzweifelte Liebhaber* (15) *Unfall* (16) *Liebesglück* (17) *Seemanns Abschied* (18) *Erwartung* (19) *Die Nacht* (20) *Waldmädchen*

(III) Gedichte von Johann Wolfgang von Goethe für eine Singstimme und Klavier (Nr. 1–16, 18–20, 22, 24, 25, 28–30: 1888; Nr. 17, 21, 23, 26, 27, 31–51: 1889) Aus «Wilhelm Meister»: (1) *Harfenspieler I** (2) *Harfenspieler II** (3) *Harfenspieler III** (4) *Spottlied* (5) *Mignon I* (6) *Mignon II* (7) *Mignon III* (8) *Philine* (9) *Mignon* (Ballade)* (10) *Der Sänger* (11) *Der Rattenfänger** (12) *Ritter Kurts Brautfahrt* (13) *Gutmann und Gutweib* (14) *Cophtisches Lied I* (15) *Cophtisches Lied II* (16) *Frech und froh I* (17) *Frech und froh II* (18) *Beherzigung* (19) *Epiphanias* (20) *St. Nepomuks Vorabend* (21) *Genialisch Treiben* (22) *Der Schäfer* (23) *Der neue Amadis* (24) *Blumengruß* (25) *Gleich und gleich* (26) *Die Spröde* (27) *Die Bekehrte* (28) *Frühling übers Jahr* (29) *Anakreons Grab** (30) *Dank des Paria* (31) *Königlich Gebet* Aus dem «Westöstlichen Divan», «Buch des Sängers»: (32) *Phänomen* (33) *Erschaffen und Beleben*. Aus dem «Schenkenbuch»: (34) *Ob der Koran von Ewigkeit sei?* (35) *Trunken müssen wir alle sein* (36) *So lang man nüchtern ist* (37) *Sie haben wegen der Trunkenheit* (38) *Was in der Schenke waren heute*. Aus dem «Buch Suleika»: (39) *Nicht Gelegenheit macht Diebe* (40) *Hochbeglückt in deiner Liebe* (41) *Als ich auf dem Euphrat schiffte* (42) *Dies zu deuten bin erbötig* (43) *Hätt' ich irgend wohl Bedenken* (44) *Komm, Liebchen, komm!* (45) *Wie sollt' ich heiter bleiben* (46) *Wenn ich dein gedenke* (47) *Locken, haltet mich gefangen* (49) *Nimmer will ich dich verlieren* (49) *Prometheus** (50) *Ganymed* (51) *Grenzen der Menschheit*

(IV) Spanisches Liederbuch nach Paul Heyse und Emanuel Geibel (Die häufig als «Übersetzungen» apostrophierten Gedichte sind in Wahrheit freie Nachdichtungen, zum Teil auch «Fälschungen»: Die Dichter der Nummern 18 und 31 aus dem weltlichen und Nr. 7 aus dem geistlichen Heft, Don Luis el Chico und Manuel del Rio, sind von Heyse und Geibel frei erfunden, ein spanisches Original hat niemals existiert).

Geistliche Lieder (Nr. 2–6, 8–10: 1889; Nr. 1, 7: 1890): (1) *Nun bin ich dein* (2) *Die du Gott gebarst* (3) *Nun wandre, Maria* (4) *Die ihr schwebet* (5) *Führ' mich, Kind, nach Bethlehem* (6) *Ach, des Knaben Augen* (7) *Müh'voll komm' ich und beladen* (8) *Ach, wie lang die Seele schlummert* (9) *Herr, was trägt der Boden hier* (10) *Wunden trägst du, mein Geliebter*

Weltliche Lieder (Nr. 1–9, 11, 12, 14, 16, 21, 26–28, 30: 1889; Nr. 10, 13, 15, 17–20, 22–25, 29, 31–34: 1890): (1) *Klinge, klinge, mein Pandero* (2) *In dem Schatten meiner Locken** (3) *Seltsam ist Juanas Weise* (4) *Treibe nur mit Lieben Spott* (5) *Auf dem grünen Balkon* (6) *Wenn du zu den Blumen gehst** (7) *Wer sein holdes Lieb verloren** (8) *Ich fuhr über Meer* (9) *Blindes Schauen, dunkle Leuchte* (10) *Eide, so die Liebe schwur* (11) *Herz, verzage nicht geschwind** (12) *Sagt, seid ihr es, feiner Herr* (13) *Mögen alle bösen Zungen* (14) *Köpfchen, Köpfchen, nicht gewimmert* (15) *Sagt ihm, daß er zu mir komme* (16) *Bitt' ihn, o Mutter* (17) *Liebe mir im Busen zündet* (18) *Schmerzliche Wonnen und wonnige Schmerzen* (19) *Trau' nicht der Liebe* (20) *Ach, im Maien war's* (21) *Alle gingen, Herz, zur Ruh'* (22) *Dereinst, dereinst* (23) *Tief im Herzen trag' ich Pein* (24) *Komm, o Tod* (25) *Ob auch finstre Blicke glitten* (26) *Bedeckt mich mit Blumen* (27) *Und schläfst du, mein Mädchen* (28) *Sie blasen zum Abmarsch* (29) *Weint nicht, ihr Äuglein* (30) *Wer tat deinem Füßlein weh?* (31) *Deine Mutter, süßes Kind* (32) *Da nur Leid und Leidenschaft* (33) *Wehe der, die mir verstrickte* (34) *Geh', Geliebter, geh' jetzt*

(V) Italienisches Liederbuch nach Paul Heyse

Erster Band (Nr. 2–8: 1890; Nr. 1, 9–22: 1891): (1) *Auch kleine Dinge können uns entzücken* (2) *Mir ward gesagt, du reisest in die Ferne* (3) *Ihr seid die Allerschön-ste* (4) *Gesegnet sei, durch den die Welt entstund* (5) *Selig ihr Blinden* (6) *Wer rief dich denn?* (7) *Der Mond hat eine schwere Klag' erhoben* (8) *Nun laß uns Frieden schließen* (9) *Daß doch gemalt all deine Reize wären* (10) *Du denkst mit einem Fädchen mich zu fangen* (11) *Wie lange schon war immer mein Verlangen* (12) *Nein, junger Herr* (13) *Hoffärtig seid Ihr, schönes Kind* (14) *Geselle, woll'n wir uns in Kutten hüllen* (15) *Mein Liebster ist so klein* (16) *Ihr jungen Leute* (17) *Und willst du deinen Liebsten sterben sehen* (18) *Heb' auf dein blondes Haupt* (19) *Wir haben beide lange Zeit geschwiegen* (20) *Mein Liebster singt* (21) *Man sagt mir, deine Mut-ter woll' es nicht* (22) *Ein Ständchen Euch zu bringen*

Zweiter Band (1896): (23) *Was für ein Lied soll dir gesungen werden* (24) *Ich esse nun mein Brot nicht trocken mehr* (25) *Mein Liebster hat zu Tische mich geladen* (26) *Ich ließ mir sagen* (27) *Schon streckt' ich aus* (28) *Du sagst mir, daß ich keine Fürstin sei* (29) *Wohl kenn' ich Euern Stand* (30) *Laß sie nur gehn* (31) *Wie soll ich fröhlich sein* (32) *Was soll der Zorn, mein Schatz* (33) *Sterb' ich, so hüllt in Blumen meine Glieder* (34) *Und steht ihr früh am Morgen auf* (35) *Benedeit die sel'ge Mutter* (36) *Wenn du, mein Liebster, steigst zum Himmel auf* (37) *Wie viele Zeit verlor' ich* (38) *Wenn du mich mit den Augen streifst* (39) *Gesegnet sei das Grün* (40) *O, wär' dein Haus durchsichtig wie ein Glas* (41) *Heut' Nacht erhob ich mich* (42) *Nicht länger kann ich singen* (43) *Schweig einmal still* (44) *O wüßtest du, wie viel ich deinetwegen* (45) *Verschling' der Abgrund meines Liebsten Hütte* (46) *Ich hab' in Penna einen Liebsten wohnen*

(VI) Lieder nach verschiedenen Dichtern für eine Singstimme und Klavier

Sechs Lieder für eine Frauenstimme (Nr. 1: 1877; Nr. 2, 3: 1878; Nr. 4–6: 1882): (1) *Morgentau* (Aus einem alten Liederbuche / Albert Reinhold?) (2) *Das Vöglein* (Friedrich Hebbel) (3) *Die Spinnerin* (Friedrich Rückert) (4) *Wiegenlied im Sommer* (Robert Reinick) (5) *Wiegenlied im Winter* (Reinick) (6) *Mausfallensprüchlein* (Mörike)

Sechs Gedichte von Joseph Victor von Scheffel (Nr. 1, 3), Eduard Mörike (Nr. 2), Johann Wolfgang von Goethe (Nr. 4, 5) und Justinus Kerner (Nr. 6), (Nr. 1, 4, 5: 1887; Nr. 2, 3: 1886; Nr. 6: 1883): (1) *Wächterlied auf der Wartburg* (2) *Der König bei der Krönung* (3) *Biterolf* (4) *Beherzigung* (5) *Wanderers Nachtlied* (6) *Zur Ruh', zur Ruh'*

Vier Gedichte von Heine (Nr. 1: 1888), Shakespeare (übersetzt von August Wil-helm Schlegel; Nr. 2, 1889) und Lord Byron (übersetzt von Otto Gildemeister, Nr. 3, 4: 1896): (1) *Wo wird einst* (2) *Lied des transferierten Zettel* (3) *Sonne der Schlum-merlosen* (4) *Keine gleicht von allen Schönen*

Alte Weisen. Sechs Gedichte von Gottfried Keller (1890): (1) *Tretet ein, hoher Krieger* (2) *Singt mein Schatz wie ein Fink* (3) *Du milchjunger Knabe* (4) *Wandl' ich in dem Morgentau* (5) *Das Köhlerweib ist trunken* (6) *Wie glänzt der helle Mond*

Drei Gesänge aus Ibsens «Das Fest auf Solhaug» (übersetzt von Emma Klingen-feld; 1891, Nr. 2 revidiert 1896): (1) *Gesang Margits* (2) *Gudmunds erster Gesang* (3) *Gudmunds zweiter Gesang*

Drei Gedichte von Robert Reinick (Nr. 1: 1888; Nr. 2: 1896; Nr. 3: 1889): (1) *Gesellenlied* (2) *Morgenstimmung* (3) *Skolie*

Drei Gedichte von Michelangelo (übersetzt von Walter Robert-Tornow; 1897): (1) *Wohl denk ich oft an mein vergang'nes Leben* (2) *Alles endet, was entstehet* (3) *Fühlt meine Seele*

(VII) 69 Lieder aus dem Nachlaß nach Heine, Lenau, Chamisso u. a. (1875–90); darunter: *Liederstrauß*. Sieben Gedichte aus dem «Buch der Lieder» von Heinrich Heine (1878), *Gretchen vor dem Andachtsbild der Mater dolorosa* (aus Goethes «Faust»; 1878), *Frohe Botschaft* (Reinick; 1890).

(VIII) Lieder für eine Singstimme und Orchester nach Goethe

(IX) Lieder für eine Singstimme und Orchester nach Gedichten von Mörike und aus dem Spanischen Liederbuch

(X) Chöre a capella oder mit Klavierbegleitung nach Jacobi, Goethe, Lenau, Pfau u. a. (1876–81); darunter: Sechs geistliche Lieder nach Gedichten von Joseph von Eichendorff für gemischten Chor a capella (1881): (1) *Aufblick* (2) *Einkehr* (3) *Resignation* (4) *Letzte Bitte* (5) *Ergebung* (6) *Erhebung*

(XI) Werke für Chor und Orchester
Christnacht Hymnus für Soli, Chor und großes Orchester nach einem Gedicht von August Graf von Platen (1886–89)
Elfenlied aus Shakespeares «Ein Sommernachtstraum» in der Übersetzung von August Wilhelm Schlegel für Sopransolo, Frauenchor und Orchester (1889–91)
Der Feuerreiter Ballade von Eduard Mörike für Chor und großes Orchester (1892)
Dem Vaterland Hymnus von Robert Reinick für Männerchor und Orchester (1890–98)
Morgenhymnus von Robert Reinick für gemischten Chor und Orchester (1897)
Frühlingschor aus der Oper Manuel Venegas (1897/98)

(XII) *Der Corregidor* Oper in vier Akten. Text von Rosa Mayreder nach «El sombrero de tres picos» von Alarcón (1895/96)

(XIII) *Manuel Venegas* Opernfragment. Text von Moritz Hörnes nach «El niño de la bola» von Alarcón (1897)

(XIV) *Schauspielmusik zu Ibsens «Fest auf Solhaug»* (1890/91)

(XV) Streichquartette (1) *Streichquartett d-moll «Entbehren sollst du, sollst entbehren»* (1878–84) (2) *Intermezzo Es-Dur* (1886) (3) *(Italienische) Serenade G-Dur* (1887)

(XVI) *Penthesilea* Symphonische Dichtung für großes Orchester nach Kleist (1883–85, revidiert 1897)

(XVII) (1) *Scherzo* und *Finale* einer Symphonie für großes Orchester (1876/77) (2) *Italienische Serenade* für kleines Orchester (1892)

(XVIII) Klavierwerke; darunter: *Humoreske* g-moll (1877), *Paraphrase über «Die Meistersinger von Nürnberg»*, *Paraphrase über «Die Walküre»* (beide ca. 1880), *Kanon* C-Dur (1882)

(XIX) Fragmente, Entwürfe, Skizzen u. a. zu *König Alboin* – Oper in vier Aufzügen (1876/77); *Die Stunden verrauschen* von Gottfried Kinkel für Chor und Orchester (1878); *Bühnenmusik zu Kleists «Prinz Friedrich von Homburg»* (1884); *Ouvertüre zu «Hamlet»* (1889); Liedinstrumentationen *Ganymed* (Goethe. 1890), *Auf eine Christblume I* (Mörike. 1890), *Geh, Geliebter, geh jetzt* (Geibel. 1892). *Ephiphanias* (Goethe. 1894); *Wächterlied auf der Wartburg* (Scheffel. 1894) für Männerchor und Orchester; *Dritte Italienische Serenade* (1897)

Diskographie (Auswahl)

Die Reihenfolge der Werke hält sich an die Chronologie ihrer Entstehung, die Reihenfolge der Schallplatten – bei allem Vorbehalt gegen eine solche Rangordnung – an die Qualität der Interpretationen.

Jugendlieder nach Heine und Lenau (Auswahl): Fischer-Dieskau/Barenboim (DG 2740156IMS). Prey/Hokanson (Ph 6520017)
Streichquartett d-moll: LaSalle-Quartett (DG 2733010). Keller-Quartett (Dca 92709)
«Meistersinger»-Paraphrase für Klavier: Sellheim (RBM 3074)
6 Lieder für eine Frauenstimme (1877–82): Schwarzkopf/Moore (EMI-GB SLS 5197)
6 geistliche Chöre (Eichendorff): Kammerchor Leonhard Lechner (Chr SCGLX73921). Vokalensemble Marburg (BM 1335)
Penthesilea: Orchestre de la Suisse Romande/Stein (TIS SXL 6985 AW). Wiener Symphoniker/Gerdes (DG 2543822)
Intermezzo Es-Dur (frühe *Klavierstücke, Italienische Serenade* u. a.): Keller-Quartett, Schwarz u. a. (Dca 92723)
Italienische Serenade: Juilliard-Quartett (CBS 74002). Melos-Quartett (Int 180854). – Orchesterfassung: Stuttgarter Kammerorchester/Münchinger (Dec SXL 6533)

Auswahlen aus den großen Liederzyklen:
a) Kassetten mit 7 LPs: Hugo Wolf Society, The 1931 – 38 Recordings, Erb, Fuchs, Roswaenge, Kipnis u. a. (EMI-GB RLS759). Fischer-Dieskau/Moore (EMI 18101470/6)
b) Einzelplatten: Schwarzkopf/Furtwängler (EMI 0531435491). Faringer/Schuback (DC Bis161). Bailey/Constable (SAGA 5468). Prey/Hokanson (Phi 6520017)
Gedichte von Eichendorff: Männerlieder (komplett; + *Lieder nach Byron, Scheffel, Reinick, Fallersleben* u. a.): Fischer-Dieskau/Barenboim (DG 2740162 IMS)
Gedichte von Mörike:
a) Auswahlen: Ameling/Baldrin (Philips 4 12027-1). Fassbaender/Werba (EMI 06530950). Patzak/Raucheisen (BR BB 23101). Donath/Donath (EMI 06530950). Schwarzkopf/Parsons (EMI 0651023311). dito (Dec 642576AW). Shirai/Höll (Ar 25908KK). Fischer-Dieskau/Richter (DG 2530584). Watson/Giesen (Int 120870)
b) Männerlieder (komplett): Fischer-Dieskau/Barenboim (DG 2740113IMS)

Gedichte von Goethe:
a) Auswahlen: Schwarzkopf/Moore (EMI-GB SLS 5197 und EMI 037 03725).
Schreier/Sawallisch (Ar 203898425). Ameling/Jansen (ETC 1003). Shirai/Höll
(Ar 259 08KK). Kohler/Wyss (Orp 0904)
b) Männerlieder (komplett): Fischer-Dieskau/Barenboim (DG 2740156IMS)
Spanisches Liederbuch (komplett): Schwarzkopf, Fischer-Dieskau/Moore (DG
2726071IMS)
Alte Weisen (Keller): Ameling, Souzay/Baldin (Philips 412391-1) Ameling/Jansen
(ETC 1003). Schwarzkopf/Moore (EMI-GB SLS5197)
Italienisches Liederbuch (komplett): Ameling, Souzay/Baldwin (Philips
412391-1). Ameling, Krause/Gage (CBS 79258). Mathis, Schreier/Engel (DG
2740178). Ludwig, Fischer-Dieskau/Barenboim (DG 2707114)
Der Corregidor (Gesamtaufnahme): Erb, Fuchs, Hermann u. a./Staatskapelle
Dresden/Elmendorff (BR FA 21408). – Orchestersuite: Orchestre de la Suisse
Romande/Stein (TIS SXL6985 AW)
Byron-Gesänge: Schwarzkopf/Parsons (EMI 06302598). Zimmermann/Draheim
(Aud 53178)
Michelangelo-Gesänge: Hotter/Moore (EMI 14701633/4). Stamm/Grunelius (BR
68001013)

Bibliographie (Auswahl)

1. Hilfsmittel, Bibliographien, Werkverzeichnisse, Ikonographien

PAUL MÜLLER: Hugo Wolf. Verzeichnis seiner Werke. Mit einer Einführung. Leipzig 1908

ALFRED EHRMANN: Hugo Wolf – Sein Leben in Bildern. Leipzig 1937

FRANK WALKER: Hugo Wolf. A Bibliography – principally biographical. Wolf's compositions. In: Hugo Wolf. A Biography. London 1951. Erweitert: London 1968

FRANZ GRASBERGER: Hugo Wolf. Persönlichkeit und Werk. (Ausstellungskatalog) Wien 1960

EDMUND NICK: Artikel «Hugo Wolf». In: Die Musik in Geschichte und Gegenwart. Allgemeine Enzyklopädie der Musik. Hg. v. FRIEDRICH BLUME. Bd. 14. Kassel und Basel 1968. Sp. 776f

HELMUT THÜRMER: Literaturverzeichnis. In: Die Melodik in den Liedern von Hugo Wolf. Giebing 1970. S. 210f

Hugo-Wolf-Artikel in der Österreichischen Musikzeitschrift. Ein Verzeichnis. ÖMZ 10/1973. S. 466f

HANS JANCIK: Die Hugo-Wolf-Autographen in der Musiksammlung der Österreichischen Nationalbibliothek. In: Beiträge zur Musikdokumentation. Franz Grasberger zum 60. Geburtstag. Tutzing 1975. S. 115–154

ERIC SAMS: Bibliography. In: The New Grove Dictionary of Music and Musicians. Hg. v. STANLEY SADIE. London–Hong Kong–Washington 1980. S. 501f

HANS JANCIK (Hg.): Ikonographie, Standort der Autographen, Register. In: Sämtliche Werke. Kritische Gesamtausgabe. Bd. XX. Wien (in Vorbereitung)

2. Selbstzeugnisse (Briefe, Kritiken, Tagebuch u. a.)

Hugo Wolfs Briefe an Emil Kauffmann. Hg. v. EDMUND HELLMER. Berlin 1903

Hugo Wolfs Briefe an Hugo Faißt. Hg. v. MICHAEL HABERLANDT. Stuttgart 1904

Ungedruckte Briefe von Hugo Wolf an Paul Müller. Hg. v. PAUL MÜLLER. Jahrbuch der Musikbibliothek Peters für 1904. S. 69–100

Hugo Wolfs Briefe an schwäbische Freunde. Süddeutsche Monatshefte München. Mai 1904. S. 397–406

Hugo Wolfs Briefe an Oscar Grohe. Hg. v. HEINRICH WERNER. Leipzig 1905

Ein Opernplan Hugo Wolfs (Briefe an Gustav Winter). Wiener Zeitschrift für Musik. Jan./Febr. 1908

HANS WOLFGANG RATH: In memoriam Detlev von Liliencron. Frankfurt a. M. 1909

Hugo Wolfs *Musikalische Kritiken* (gekürzt). Hg. v. RICHARD BATKA und HEINRICH WERNER. Leipzig 1911. Reprint 1976

Hugo Wolfs Familienbriefe. Hg. v. EDMUND HELLMER. Leipzig 1912

Hugo Wolfs Briefe an Rosa Mayreder. Hg. v. HEINRICH WERNER. Wien 1921

Hugo Wolfs Briefe an Henriette Lang, nebst den Briefen an deren Gatten, Prof. Joseph Freiherr von Schey. Hg. v. HEINRICH WERNER. Regensburg 1922

Hugo Wolfs Briefe an Heinrich Potpeschnigg. Hg. v. HEINZ NONVEILLER. Stuttgart 1923

Hugo Wolf und der Tübinger Kreis. Hg. v. WILHELM SCHMID. Neue Musik-Zeitung Stuttgart. Jan. 1925

Weitere Ergänzungen zu Hugo Wolfs Briefen. Hg. v. MARGARETHE KLINCKERFUSS. Neue Musik-Zeitung Stuttgart. Febr. 1925

Ährenlese zur Biographie Hugo Wolfs. Hg. v. WILHELM SCHMID. Die Musik Okt. 1925

Briefe Hugo Wolfs aus dem Irrenhaus (an Rosa Mayreder). Hg. v. KÄTHE BRAUN-PRAGER. Die Musik Okt. 1929

Vier Briefe Hugo Wolfs an Dr. Heinrich Welti. Schweizerische Musikzeitung Febr. 1947

Hugo-Wolf-Rhapsodie. Aus Briefen und Schriften. Hg. v. WILLI REICH. Zürich 1947

Hugo Wolfs Wiener Tagebuch 1875–76. Hg. v. WILLI REICH und FRANK WALKER. Schweizerische Musikzeitung Dez. 1947

HUGO WOLF: Daten aus meinem Leben. Österreichische Musikzeitschrift Febr. 1960. S. 49 f

Hugo Wolfs Briefe an Melanie Köchert. Hg. v. FRANZ GRASBERGER. Tutzing 1964

Ungedruckte Briefe von Hugo Wolf. Hg. v. RICHARD SCHAAL. Deutsches Jahrbuch der Musikwissenschaft XIII (1968). S. 115 f

Briefe Hugo Wolfs an seine Schwester Adrienne 1894–1896. Hg. v. LIESELOTTE URBACH und ERIK WERBA. Österreichische Musikzeitschrift 5/1972. S. 263–279

Hugo Wolfs Briefe an Frieda Zerny. Hg. v. ERNST HILMAR und WALTER OBERMAIER. Wien 1978

HANS JANCIK (Hg.): Hugo Wolfs *Musikalische Kritiken* (vollständig). In: Sämtliche Werke. Supplement. Wien. In Vorbereitung

3. Persönliche Erinnerungen (z. T. mit Briefen)

MICHAEL HABERLANDT: Hugo Wolf – Erinnerungen und Gedanken. Leipzig 1903. Erweitert 1911

PAUL MÜLLER: Erinnerungen an Hugo Wolf. Die Musik März/April 1903

HEINRICH WERNER: Hugo Wolf in Mayerling. Eine Idylle. Leipzig 1913

EDMUND HELLMER: Hugo Wolf. Erlebtes und Erlauschtes. Wien 1921

HEINRICH WERNER: Der Hugo-Wolf-Verein in Wien. Regensburg 1921

GUSTAV SCHUR: Erinnerungen an Hugo Wolf. (Mit Wolfs Briefen an Schur.) Hg. v. HEINRICH WERNER. Regensburg 1922

SIEGFRIED OCHS: Geschehenes, Gesehenes. Leipzig 1922

HEINRICH WERNER: Hugo Wolf in Perchtoldsdorf. Regensburg 1924

HEINRICH WERNER: Hugo Wolf und der Wiener Akademische Wagner-Verein. Regensburg 1927

Friedrich Eckstein: Alte, unnennbare Tage. Wien 1936

Margarethe Klinckerfuss: Aufklänge aus versunkener Zeit. Urach 1947

Willi Schuh (Hg.): Hugo Wolf im Spiegel eines Tagebuchs. Unbekanntes aus Tagebüchern und Briefen. Schweizerische Musikzeitung 1/1972, S. 11–18 und 2/1972, S. 73–79

4. Biographien

(Lesenswertes zu Wolfs Kompositionstechnik enthalten nur die Biographien von Decsey, vor allem Bd. II, und Newman, deutsche Ausgabe, S. 137–240. Das im engeren Sinne Biographische ist hingegen bei Walker am besten dargestellt.)

Ernst Decsey: Hugo Wolf. 4 Bde. Berlin und Leipzig 1903–1906

Eugen Schmitz: Hugo Wolf. Leipzig 1906

Ernest Newman: Hugo Wolf. London 1907. Reprint 1966. Deutsch (erweitert) Leipzig 1910

Max Morold: Hugo Wolf. Leipzig 1912

Frontispitz der ersten umfassenden Monographie über Hugo Wolf von Ernst Decsey, verlegt bei Schuster und Loeffler, Leipzig und Berlin 1903

HUGO WOLF
im 29. Lebensjahr

Ernst Decsey: Hugo Wolf, das Leben und das Lied. Berlin 1919. 2. Aufl. (erweitert) 1921

Carl Grunsky: Hugo Wolf. Leipzig 1928

Richard Litterscheid: Hugo Wolf. Potsdam 1939

Alfred Orel: Hugo Wolf. Wien 1947

Frank Walker: s. o. 1. Deutsch: Graz–Wien–Köln 1953

Dolf Lindner: Hugo Wolf. Wien 1960

Erik Werba: Hugo Wolf. Wien 1971. Revidiert: 1978

5. Psychopathologische Studien

Gaston Vorberg: Zusammenbruch. Pathographische Abhandlung. Teil I (Lenau, Nietzsche, Maupassant, Wolf). München 1922

Anonymus: Berichte aus dem Irrenhaus. Wien 1924

Werner Leibbrandt und Balet: Hugo Wolf und seine Geisteskrankheit. Die medizinische Welt 26. IV. 1930. S. 615 f

Henri Hécaen: Manie et Inspiration Musicale. Le cas Hugo Wolf. Bordeaux 1934

Karl Adolf Eickemeyer: Die Krankheit Hugo Wolfs. Ein biographischer Beitrag. Medizinische Dissertation. Jena 1945
Der Verlauf der Paralyse Hugo Wolfs. Jena 1945

E. Slater und A. Meyer: Contributions to a Psychography of the Musicians. Confinia psychiatrica III (1960). S. 132 f

6. Musikalische Studien und Verschiedenes

(Nach wie vor herrscht ein gewisse Ratlosigkeit angesichts des Wolfschen œuvres. Einen hermeneutischen Weg, der Schule machen sollte, geht der Aufsatz von Peter Gülke. Das Entscheidende über Vers- und Prosaprinzip im Wolfschen Lied ist in dem kleinen Aufsatz von Carl Dahlhaus gesagt.)

a) Allgemeines

Joseph Schalk u. a.: Gesammelte Aufsätze über Hugo Wolf. Bd. I. Berlin 1898; Bd. II Berlin 1899

Paul Müller: Hugo Wolf. In: Moderne Essays Heft 34/35. Berlin 1904

Karl Heckel: Hugo Wolf in seinem Verhältnis zu Richard Wagner. München 1905

Romain Rolland: Hugo Wolf. In: Musiciens d'aujourd'hui. Paris 1908. Deutsch: München 1925

Willy Salomon: Hugo Wolf als Liederkomponist. Dissertation. Frankfurt a. M. 1925

Wilhelm Jarosch: Die Harmonik in den Liedern von Hugo Wolf. Wien 1927

Ernest Newman: Notes. Zu den Aufnahmen der Hugo Wolf Society. London 1932–1938. Reprint 1981 in EMI RLS 759

Helga Hinghofer: Hugo Wolf als Liederkomponist. Dissertation. Wien 1933

Kurt Varges: Der Musikkritiker Hugo Wolf. Dissertation. Magdeburg 1934

Georg Bieri: Die Lieder von Hugo Wolf. Berner Veröffentlichungen zur Musikwissenschaft 15. Bern und Leipzig 1935

Eric Sams: The songs of Hugo Wolf. London 1961. Erweitert 1981

Edward F. Kravitt: The Influence of Theatrical Declamation upon Composers of the Late Romantic Lied. In: Acta Musicologica 1962. S. 18 f

Rita Egger: Die Deklamationsrhythmik Hugo Wolfs in historischer Sicht. Tutzing 1963

Reinhard Strehl: Die musikalische Form bei Hugo Wolf. Dissertation. Göttingen 1964

Walter Wiora: Der musikalische Fortschritt und der «wilde Wolf». Akademie für Musik und Darstellende Kunst in Wien Signatur Fs 1817. Wien 1967

Helmut Thürmer: s. o. 1

Walter Wiora: Die Integrität der Gattung Lied bei Hugo Wolf. In: Das deutsche Lied. Wolfenbüttel und Zürich 1971

Carl Dahlhaus: Ein Dilemma der Verskomposition. Melos/Neue Zeitschrift für Musik 1/1977. S. 15–18

Robert Schollum: Brahms – Wolf. In: Das österreichische Lied des 20. Jahrhunderts. Tutzing 1977. S. 21–31

b) Zu *Penthesilea*

Richard Batka: Führer zur *Penthesilea*. Lauterbach & Kuhn Leipzig o. J.

B. Metzger: Hugo Wolf's symphonic poem *Penthesilea*. A history and analysis. Dissertation Abstracts International. Ann Arbor/Michigan/USA. 10/1980

c) Zu den *Mörike-Liedern*

Walter Legge: Hugo Wolf's Afterthoughts on his *Mörike-Lieder*. In: The Music Review. Aug. 1941. S. 211 f

Anton Tausche: Hugo Wolfs *Mörike-Lieder* in Dichtung, Musik und Vortrag. Wien 1947

Sonja Eisold: Der Gehalt der Lyrik Mörikes in der Vertonung von Hugo Wolf. Dissertation. Berlin 1956

Clemens Heinen: Der sprachliche und musikalische Rhythmus im Kunstlied. Vergleichende Untersuchung einer Auswahl von Mörike-Vertonungen. Dissertation. Köln 1958

Jack M. Stein: Poem and Music in Hugo Wolf's *Mörike*-Songs. In: The Musical Quarterly. Vol. LIII. Nr. 1/1967. S. 22–38

Siegfriedt Schmalzriedt: Hugo Wolfs Vertonung von Mörikes Gedicht «Karwoche». Realistische Züge im spätromantischen Lied. In: Archiv für Musikwissenschaft 1/1984. S. 42–53

d) Zu den *Eichendorff-Liedern*

J. Thym: The solo song settings of Eichendorff's poems by Schumann and Wolf. Dissertation. Case Western Reserve University 1974

Eckart Busse: Die Eichendorff-Rezeption im Kunstlied. Versuch einer Typologie anhand von Kompositionen Schumanns, Wolfs und Pfitzners. Tutzing 1975

e) Zu den *Goethe-Liedern*

Herbert Brauer: Goethes Lieddichtung bei Schubert und Hugo Wolf. Dissertation. Gießen 1942

Roland Tenschert: Das Verhältnis von Wort und Ton in Hugo Wolfs *Goethe-Liedern*. Österreichische Musikzeitschrift 1/1953

Franz Grasberger: Wie *Epiphanias* entstand. Aus den Erinnerungen Irmina Köcherts. Österreichische Musikzeitschrift 6 und 7/1968. S. 339–341

H. Seelig: Goethe's Buch Suleika and Hugo Wolf. Dissertation. University of Kansas 1970

C. C. Moman: A study on the musical settings by Franz Schubert and Hugo Wolf for Goethe's *Prometheus, Ganymed* and *Grenzen der Menschheit.* Dissertation Abstracts International. Ann Arbor/Michigan/USA. 3/1981

f) Zum *Spanischen Liederbuch*

FRANK WALKER: Hugo Wolf's Spanish and Italian Songs. Music & Letters 1944. S. 194f

URSULA SENNHENN: Hugo Wolfs *Spanisches* und *Italienisches Liederbuch:* Dissertation. Frankfurt a. M. 1955

HEINRICH LINDLAR: Zu Strawinskys geistlichem Vermächtnis. Um zwei Gesänge aus Wolfs *Spanischem Liederbuch.* Österreichische Musikzeitschrift 6/1982. S. 318f

g) Zum *Italienischen Liederbuch* – vgl. unter f)

PETER GÜLKE: *Sterb ich, so hüllt in Blumen meine Glieder.* Zu einem Liede von Hugo Wolf. Musica 2/1979. S. 132–140

E. HANTZ: *Gesegnet sei, durch den die Welt entstund.* Wolfs harmony revisited. In: Theory only. Ann Arbor/Michigan/USA. Nr. 5/1981. S. 29–32

h) Zu *Der Corregidor*

EDMUND HELLMER (Hg.): *Der Corregidor* von Hugo Wolf. Kritische und biographische Beiträge zu seiner Würdigung. Berlin 1900

RICHARD BATKA: Führer zum *Corregidor.* Hermann Seemann Nachf. Berlin o. J.

JULIUS KORNGOLD: *Der Corregidor.* In: Deutsches Opernschaffen der Gegenwart. Kritische Aufsätze. Leipzig–Wien 1921

IMOGEN FELLINGER: Die Oper im kompositorischen Schaffen von Hugo Wolf. Jahrbuch des Staatlichen Instituts für Musikforschung Preußischer Kulturbesitz 1971. S. 87f

PETER COOK: Hugo Wolf's *Der Corregidor.* London 1976

i) Zum *Manuel Venegas*

LEOPOLD SPITZER: Rosa Mayreders Textbuch zu Hugo Wolfs *Manuel Venegas.* Österreichische Musikzeitschrift 10/1973. S. 443–451

LEOPOLD SPITZER: Hugo Wolfs *Manuel Venegas.* Ein Beitrag zur Genese. Österreichische Musikzeitschrift 2/1977. S. 68–74

j) Zu den übrigen Werken

GEORG BIERI: Hugo Wolfs *Lieder nach verschiedenen Dichtern.* Schweizerische Musikzeitschrift 1935. S. 401–407

Fritz Kuba: Hugo Wolfs *Musik zu Kleists Schauspiel «Prinz Friedrich von Homburg».* Jahrbuch der Kleist-Gesellschaft Bd. 17. Berlin 1937

FRANK WALKER: The history of Wolf's Italian Serenade. Music Review Aug. 1947. S. 161f

ALFRED OREL: Hugo Wolfs *Musik zu Ibsens «Fest auf Solhaug»* und ihre ungeschriebene Ouvertüre. Schweizerische Musikzeitung 12/1951. S. 485–492

HANS JANCIK: Hugo Wolfs *Eichendorff-Chöre.* Österreichische Musikzeitschrift 10/1973. S. 452–457

ERIC SAMS: Literary Sources of Hugo Wolf's String Quartets. Musical Newsletter IV/1974. S. 3ff

ALBRECHT DÜMLING: Gottfried Keller – vertont von Johannes Brahms, Hans Pfitzner, Hugo Wolf. München 1981

Namenregister

Die kursiv gesetzten Zahlen bezeichnen die Abbildungen

Über den Autor

Andreas Dorschel, geboren 1962 in Wiesbaden, studiert Musikwissenschaft, Philosophie und Alte Geschichte an der Frankfurter Johann Wolfgang von Goethe-Universität. Seit mehreren Jahren ist er als Musikkritiker tätig.

Quellennachweis der Abbildungen

Aus: Ernest Newmann, Hugo Wolf. Leipzig 1910: 6, 15, 17, 18, 22, 38, 44, 48, 50, 51, 66, 86, 98, 110, 112, 113

Aus Ernest Decsey, Hugo Wolf. Bde I–IV. Leipzig–Berlin 1903–1906: 11, 12, 13, 14, 32, 52, 53, 59, 61, 74, 84, 91, 93 u., 95, 105, 106, 108, 111 o., 111 u., 124, 125, 137, 151

Archiv für Kunst und Geschichte, Berlin: 20 r., 29, 83

Aus: Franz Walter, Hugo Wolf. Graz–Wien–Köln 1953: 24 l., 24 r., 25, 47, 102, 103

Bildarchiv Österreichische Nationalbibliothek, Wien: 30, 35, 42, 71, 121

Bildarchiv Preußischer Kulturbesitz, Berlin: 46, 65

Gesellschaft der Musikfreunde, Wien: 54

Deutsches Eichendorff-Museum, Wangen im Allgäu: 60

Privatbesitz, Bloomington, Indiana: 76

Ullstein-Bilderdienst, Berlin: 93 o.

Rowohlt-Archiv: 20 l.

Aus: Heinrich Werner, Hugo Wolf und der Wiener akademische Wagner-Verein. Regensburg 1926: 36

Aus: Hugo Wolf, Gedichte von Eduard Mörike für eine Singstimme und Klavier: 69

Stadt- und Landesbibliothek Wien, Signatur HIN 68.006: 118